GRAMMAIRE

POPULAIRE.

GRAMMAIRE

DES

ÉCOLES PRIMAIRES

SUPÉRIEURES,

DES PENSIONS ET DES COLLÉGES,

Par MM. Ch. MARTIN,
De l'Athénée et de la Société grammaticale de Paris,

et Édouard BRACONNIER,
Professeur de grammaire générale à l'Athénée de Paris.

4ᵉ Édition.

1 FR. 75 C. BROCHÉ, 2 FR. 25 C. PAR LA POSTE.

Cet ouvrage a obtenu un immense succès, puisqu'il est arrivé en quelques mois à sa quatrième édition. Il est destiné à guider sûrement le maître et les élèves dans l'enseignement et dans l'étude si difficile de la syntaxe. Il comble avec avantage les lacunes qu'ont laissées dans leurs ouvrages les auteurs les plus connus. Toutes les difficultés de notre langue y sont franchement abordées et nettement résolues ; les *participes*, jusqu'ici assez mal expliqués, y sont traités complétement et avec beaucoup de clarté. On y trouve également un traité complet de la proposition, un traité très-étendu sur l'emploi et l'accord du subjonctif, et des règles simples sur la ponctuation.

Les auteurs ont enrichi cette édition de la partie élémentaire qui manquait à leur ouvrage ; ils en ont aussi fait disparaître la partie polémique inutile aux élèves. M. Édouard Braconnier a revu avec soin tout le chapitre du genre des noms, et l'a rendu plus complet et plus conforme aux règles qu'il a développées dans sa *Théorie du genre*. Il faut espérer que les améliorations remarquables que les auteurs ont apportées à cette nouvelle édition assureront à leur ouvrage un succès général et qui sera bien mérité.

PARIS. — IMPRIMÉ PAR E. THUNOT ET Cᵉ,
26, RUE RACINE, PRÈS DE L'ODÉON.

C.

GRAMMAIRE POPULAIRE,

SUIVANT

LE SYSTÈME DES ÉCOLES-MODÈLES,

OU

GRAMMAIRE PRATIQUE,

EN 92 LEÇONS,

Mise à la portée des PLUS JEUNES ENFANTS, avec des exercices orthographiques gradués sur chaque règle. Ouvrage qui a reçu l'approbation de plusieurs Recteurs de France ; et qui est adopté pour l'École normale élémentaire de l'armée belge.

Par Ch. Martin,

MEMBRE DE L'ATHÉNÉE ET DE DIFFÉRENTES SOCIÉTÉS SAVANTES,

NOUVELLE ÉDITION,

REVUE ET CONSIDÉRABLEMENT AUGMENTÉE ;

SUIVIE

DU TABLEAU SYNOPTIQUE DES QUATRE CONJUGAISONS, PAR M. A. VANIER, ADOPTÉ PAR L'UNIVERSITÉ.

PARIS.

LANGLOIS ET LECLERCQ, LIBRAIRES-ÉDITEURS,

RUE DES MATHURINS-SAINT-JACQUES, 10.

1864

COURS PRATIQUE

DE

COSMOGRAPHIE ET DE GÉOGRAPHIE,

Appliqué surtout à l'étude de la France,

AVEC

QUESTIONNAIRES ET PROBLÈMES,

PAR CH. MARTIN ET ÉDOUARD BRACONNIER.

2ᵉ ÉDITION,

Revue et augmentée du Système métrique expliqué.

1 beau volume in-18. — Prix, cart. : 90 c.

Cet ouvrage présente trois parties bien distinctes. La *Cosmographie*, traitée de la manière la plus élémentaire, renferme tout ce qu'il y a de plus simple et de plus utile dans cette partie de la science. La *Géographie générale* offre les grandes divisions du globe et de chacune de ses parties. En s'attachant spécialement à l'*étude de la France*, les auteurs ont cru rendre un service réel à l'instruction primaire. Evitant la sécheresse des nomenclatures, presque toujours inutiles, les auteurs ont apporté beaucoup de soin à rendre cette étude très complète, à la disposer avec méthode, à l'enrichir de *questionnaires*, de *problèmes*, et de nombreux faits historiques heureusement placés.

PETITE

GÉOGRAPHIE POPULAIRE,

Appliquée surtout à l'étude de la France,

QUESTIONNAIRES ET PROBLÈMES,

PAR CH. MARTIN ET ÉDOUARD BRACONNIER.

2ᵉ ÉDITION.

1 vol. in-18. — Prix, cart. : 60 cent.

Cet ouvrage est l'abrégé du *Cours pratique* des mêmes auteurs. Ils ont cru rendre un service aux instituteurs en faisant pour les enfants du premier âge une Géographie entièrement à leur portée, surtout pour l'étude de la France, avec une nouvelle méthode pour la comparaison des anciennes divisions avec les nouvelles.

PRÉFACE.

———

Persuadé qu'en général nos grammaires pèchent par la multiplicité et l'ambiguïté des règles, par la quantité des exceptions, et surtout par des exemples choisis sans discernement, au lieu d'être gradués et mis à la portée de l'enfance, j'ai cherché auprès d'habiles maîtres, de célèbres grammairiens, à m'éclairer sur l'art si précieux et malheureusement si peu connu de la didactique. C'est pénétré des principes des Domergue, des Dumarsais, des Condillac, de MM. de Port-Royal, que j'ai conçu l'idée d'une *Méthode pratique*.

Aujourd'hui que les bons esprits reconnaissent l'insuffisance des meilleures Grammaires théoriques, même de celles qui sont débarrassées de termes techniques et d'une foule de règles et d'exceptions, trop souvent inutiles, toujours mal saisies par les enfants; aujourd'hui qu'on sent enfin le besoin de simplifier les procédés de l'enseignement, je publie une Grammaire vraiment pratique, dont le but est de faciliter aux enfants toutes les études syntaxiques orthographiques.

Ma Grammaire populaire ou pratique contient, outre les règles de la grammaire, des exercices français gradués, des analyses grammaticales, une nouvelle manière d'enseigner la conjugaison, un traité des participes, un traité du subjonctif, et sur les règles de la syntaxe ; l'enfant n'aura donc plus besoin de s'entourer, pour l'étude de notre langue nationale, d'une foule de livres élémentaires qui, en exigeant de lui une attention trop soutenue, fatiguent sa jeune intelligence.

Le maître trouvera dans l'ART D'ENSEIGNER un guide certain qui lui épargnera une grande perte de temps, puisque les devoirs sont préparés pour tous les jours. Il y trouvera aussi une foule de procédés qui facilitent les explications, abrégent le travail, fécondent l'intelligence des élèves, et gravent profondément dans leur mémoire l'instruction communiquée.

Je ne m'étendrai pas davantage sur la supériorité d'une méthode que je me suis efforcé de rendre *pratique*, et que les succès qu'elle obtient ont rendue *populaire*. Loin de moi ces phrases sonores des préfaces : j'en appelle aux gens sensés qu'aucun préjugé n'aveugle, aux amis de l'enfance et de l'instruction primaire, aux instituteurs qui, comme moi, vieillis dans la pratique, savent tout ce que les complications des anciennes méthodes ont apporté d'obstacles aux progrès de leurs élèves : qu'ils lisent les premiers chapitres de l'ART D'ENSEIGNER LA GRAMMAIRE FRANÇAISE, c'est ma meilleure préface.

Certains critiques prétendront peut-être que plusieurs de mes procédés ont quelque chose de trop mécanique, et que les exercices qui accompagnent mes leçons ne sont pas généralement assez relevés : mais je crois que de pareils reproches ne peuvent m'être adressés que par des personnes à peu près étrangères à l'enseignement. Ma longue expérience, d'accord avec celle des meilleurs maîtres, m'a démontré la nécessité du système que j'ai adopté. Si j'avais voulu donner l'explication méaphysique des règles et leur application dans des exercices littéraires, je n'aurais pas été compris des élèves, et le point essentiel est d'être compris. Qu'on réfléchisse que, dans un grand nombre de nos départements, les enfants n'ont qu'une intelligence peu développée, que d'ailleurs ils ne parlent que le patois, et, loin de me blâmer, on me louera peut-être de ce que j'ai fait.

Il ne me reste plus qu'à dire un mot sur cette nouvelle édition. Je me suis efforcé de la rendre plus digne de l'accueil que le public a fait à toutes celles dont elle a été précédée. Les améliorations que j'y ai introduites sont considérables. Tous les exercices ont été revus et remaniés avec soin : plusieurs même ont été remplacés par de nouveaux. Ils offrent maintenant, dans leur ensemble, un cours d'instruction morale aussi bien que d'instruction grammaticale. Les devoirs que les enfants ont à remplir envers Dieu, envers leurs parents, envers eux-mêmes et envers le prochain, y sont résumés en préceptes d'autant plus faciles à comprendre et à retenir, qu'ils sont rendus sensibles par quelques anecdotes curieuses et intéressantes.

Quant à la cacographie, j'ai cru devoir en modifier l'application, après avoir mûrement pesé toutes les raisons alléguées pour et contre. Ainsi, je ne l'ai employée qu'avec mesure et dans un ordre conforme à celui des parties du discours, c'est-à-dire pour les noms seuls, quand j'ai traité des noms ; pour les adjectifs seuls, quand j'ai traité des adjectifs, et ainsi de suite, etc. De plus, je l'ai généralement restreinte à la terminaison des mots. Il me semble qu'avec ce système les inconvénients de la confusion disparaissent, et qu'il suffit de consulter la prononciation et les règles que je donne pour rectifier la mauvaise orthographe.

J'aime à me flatter que MM. les instituteurs me sau-
ront gré de ce nouveau travail, inspiré par le désir de
mieux seconder leur zèle généreux à former l'esprit et
le cœur des élèves.

Les exemplaires voulus par la loi ont été déposés.

Nous poursuivrons, suivant la rigueur des lois , tout contrefacteur
ou débitant de contrefaçons de cet ouvrage, dont chaque exemplaire
est revêtu de notre signature.

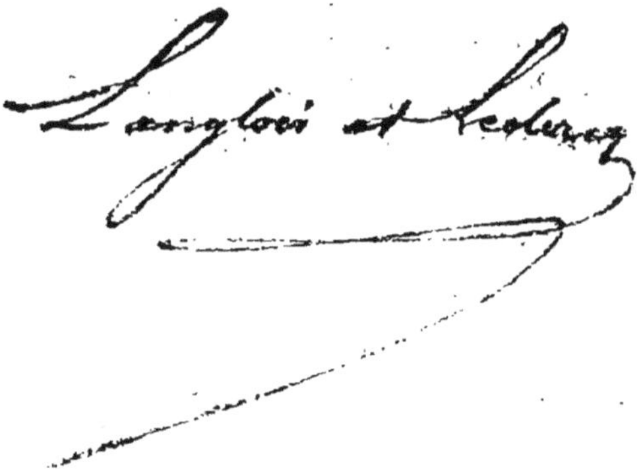

GRAMMAIRE
POPULAIRE PRATIQUE,
SUIVANT LE SYSTÈME DES ÉCOLES-MODÈLES.

PREMIÈRE PARTIE.

INTRODUCTION.

PREMIÈRE LEÇON.

1. La grammaire est le livre qui contient les préceptes pour parler et pour écrire correctement. Pour *parler*, comme pour *écrire*, on emploie des mots : les mots parlés sont composés de sons ; les mots écrits sont composés de lettres. Il y a deux sortes de lettres, les *voyelles* et les *consonnes*.

2. Les voyelles sont : *a, e, i, o, u* et *y*. Elles sont appelées *voyelles*, parce que *seules* elles forment une *voix*, un *son*.

3. Les consonnes sont : *b, c, d, f, g, h, j, k, l, m, n, p, q, r, s, t, v, x, z*. Elles sont appelées *consonnes*, parce qu'elles ne forment un *son* que réunies à une ou à plusieurs voyelles.

4. Il y a trois sortes d'*e* : l'*e* muet, qui ne se prononce que faiblement, ou ne se prononce pas, comme dans *paiement, rue, jalousie* ; l'*e* fermé, qui se prononce la bouche presque fermée, comme dans *bonté, décédé, végété* ; l'*e* ouvert, qui se prononce la bouche presque ouverte, comme dans *mère, succès, procès*.

2ᵉ LEÇON.

5. L'*Y* s'emploie tantôt pour un *i* simple, tantôt pour deux *i*. L'*Y* s'emploie comme un *i* simple quand il est placé au commencement ou à la fin des mots, comme dans *yeux, dey* ; ou quand il est placé entre deux consonnes, comme dans *hymen, hypocrite*. *Y* s'emploie pour deux *i* quand il est placé entre deux voyelles :

1.

envoyer, payer, rayon, pays, paysage, etc. Cependant *payen, biscayen,* etc., sont exceptés.

6. *H* est tantôt muette, et tantôt aspirée. *H* est muette quand elle n'ajoute rien à la prononciation de la voyelle suivante : *l'homme, l'honneur. H* est aspirée quand elle empêche toute liaison entre la voyelle qui suit et la consonne qui précède : la *honte*, et non pas *l'honte;* le *hibou*, et non pas *l'hibou. H* est aspirée dans *huit, héros, hasard ;* et muette dans *dix-huit, l'héroïsme.*

7. On dit : *des haricots, des hannetons ;* et non pas, *dé-zharicots, dé-zhannetons.* On dit : *un n'heureu hasard*, et non pas : *un heureux zhasard.*

3ᵉ LEÇON.

8. Les voyelles sont *longues* ou *brèves.* Les voyelles *longues* sont celles sur lesquelles on appuie plus longtemps que sur les autres en les prononçant.

9. Les voyelles *brèves* sont celles sur lesquelles on appuie moins longtemps. Exemples : *a* est long dans *plâtre* et bref dans *cravate; e* est long dans *tête* et bref dans *muette; i* est long dans *épître* et bref dans *litre; o* est long dans *impôt* et bref dans *dévot; u* est long dans *flûte* et bref dans *hutte.*

10. Les voyelles sont souvent surmontées de petits signes qu'on appelle *accents*, et qui servent à indiquer certain changement de prononciation.

11. Il y a trois accents : l'accent *aigu*, qui se met sur l'*é fermé* : PRÉMÉDITÉ.

12. L'accent *grave*, qui se met sur l'*è ouvert* : PÈRE, ACCÈS.

13. L'accent *circonflexe*, qui se met sur les voyelles longues : APÔTRE.

14. Les mots se composent d'autant de syllabes qu'on fait entendre de sons : *chef, bon, chou, loi*, ont chacun une syllabe; *pro-bi-té* en a trois; *pré-mé-di-té* en a quatre.

15. Il y a dans la langue française dix espèces de mots, qu'on appelle les *parties du discours* : le *nom* ou *substantif,* l'*article*, l'*adjectif*, le *pronom*, le *verbe*, le *participe*, la *préposition*, l'*adverbe*, la *conjonction* et l'*interjection.*

QUESTIONS SUR L'INTRODUCTION.

(Le numéro de la question correspond au numéro du précepte.)

Pour parler, comme pour écrire, qu'emploie-t-on? 1.—De quoi se composent les mots parlés?— De quoi se composent les mots écrits? —Combien y a-t-il de sortes de lettres? 1.—Qu'est-ce que les voyelles? 2.— Pourquoi les appelle-t-on voyelles? 2.—Qu'est-ce que les consonnes? 3.— Pourquoi les appelle-t-on consonnes? 3.—Combien y a-t-il de sortes d'*E*? 4. — Qu'est-ce que l'*E* muet?— l'*E* ouvert? — l'*E* fermé? — Quel est l'emploi de l'*Y*? 5. — Combien y a-t-il d'espèces d'*H*? 6. — Quelle remarque faites-vous sur *H* dans *huit, héros, hasard,* etc.?— Doit-on prononcer *des zharicots, des zhannetons*? 7. — Combien y a-t-il de sortes de voyelles ? — Qu'est-ce que les voyelles longues? 8. — Qu'est-ce que les voyelles brèves? 9. — A quoi servent les accents qui surmontent quelquefois les voyelles? 10. — Combien y a-t-il de sortes d'accents? 11. —A quoi sert l'accent aigu? — A quoi sert l'accent grave? 12. — A quoi sert l'accent circonflexe? 13.—De quoi se composent les mots? 14.— combien y a-t-il d'espèces de mots? 15.

CHAPITRE PREMIER.

4ᵉ LEÇON.

DU NOM OU SUBSTANTIF.

16. Le nom ou substantif est un mot qui sert à nommer les *personnes*, les *animaux* et les *choses*.

Tout mot auquel on peut joindre une *qualité* exprimée par un autre mot variable, comme *grand, petit, bon, mauvais, beau, belle, noir* ou *blanc*, est un substantif.

> Ce *discours* te surprend, *docteur*, je l'aperçoi;
> L'*homme* de la *nature* est le *chef* et le *roi* :
> *Bois, prés, champs, animaux*, tout est pour son usage,
> Et lui seul a, dis-tu, la *raison* en *partage*. (BOILEAU.)

Discours est un substantif, parce qu'on peut y ajouter une qualité, comme *discours* SAVANT; *docteur* est un substantif, parce qu'on peut dire, GRAND *ou* PETIT *docteur; homme* est un substantif, parce qu'on peut dire, *homme* BON *ou* MÉCHANT; *nature* est un substantif, parce qu'on peut dire, BELLE *nature; chef* est un substantif, parce qu'on peut dire, BON *ou* MAUVAIS *chef; père* est un substantif, parce qu'on peut y ajouter une qualité, comme : GRAND *homme,* SAGE *législateur,* BON *père,* MÉCHANT *voisin.*

Même raisonnement pour *bois, prés, champs, usage, saison, partage,* etc.

5° LEÇON.

17. Il y a deux sortes de substantifs, le substantif *commun* et le substantif *propre.*

18. Le substantif *commun* s'applique indifféremment à toutes les choses de la même espèce : *brebis, ville, village, rivière, montagne, homme, femme, jardin, fruit, sucre, table, plume, canif,* sont des substantifs *communs.* Le mot *brebis* est commun à toutes les *brebis;* le mot *ville* est commun à toutes les *villes;* le mot *village* est commun à tous les *villages;* le mot *fruit* est commun à tous les *fruits,* etc.

19. Le substantif *propre* sert à distinguer un ou plusieurs individus des autres individus de la même espèce ; il leur attribue des propriétés essentielles.

Paris, César, Seine, France, Pyrénées, Bossuet, Lyon, Bonaparte, sont des substantifs *propres. Paris* est un substantif *propre,* parce qu'il sert à distinguer cette ville des autres villes; *Bossuet* est un substantif *propre,* parce qu'il sert à distinguer cet homme de tous les autres hommes. Même raisonnement sur les mots *César, Seine, France, Pyrénées, Lyon, Bonaparte, Prusse, Italie, Rhône,* etc.

20. La première lettre des substantifs propres doit toujours être une majuscule.

6° LEÇON.

21. Il y a deux genres dans les substantifs, le *masculin* et le *féminin.* Les substantifs qui représentent des êtres *mâles* sont du genre *masculin :* le père, le *fils;* les substantifs qui représentent des êtres *femelles* sont du genre *féminin :* la *mère,* la *fille* (1).

---

(1) La théorie du genre des noms français présente une grande question pour laquelle nous croyons devoir renvoyer à notre *Grammaire des écoles primaires supérieures,* où elle est amplement développée.

22. Tout substantif avant lequel on peut mettre le mot *le* ou le mot *un*, est du genre *masculin*. Or, *livre* est du masculin, parce que je puis dire LE *livre* ou UN *livre*. Faites le même raisonnement sur les substantifs *soldat*, *officier*, *lion*, *renard*, *mouton*, *chien*, *château*, *étang*, *champ*, *oiseau*, *hanneton*, etc.

23. Tout substantif avant lequel on peut mettre un des mots *la* ou *une*, est du genre *féminin*. Or, *plume* est du genre *féminin*, parce que je puis dire LA ou UNE *plume*. Faites le même raisonnement sur les substantifs *femme*, *lionne*, *maison*, *ville*, *rivière*, *prune*, *liqueur*, *innocence*, *éternité*, etc. Par imitation, on a fixé le genre des choses inanimées : on a fait *soleil*, *fleuve*, *livre*, du genre masculin; *lune*, *rivière*, *plume*, du genre féminin.

7e LEÇON.

24. Il y a deux nombres dans les substantifs, le *singulier* et le *pluriel*.

25. Tout substantif qui n'exprime qu'*un seul objet* est au *singulier*, comme le *père*, la *mère*, la *cour*, le *jardin*, la *maison*. Le PÈRE est au *singulier*, parce qu'il n'exprime qu'un *seul père*. Même raisonnement pour *jardin*, *maison*, etc.

26. Tout substantif qui exprime *plusieurs fois le même objet* est au *pluriel*, comme *les pères*, *les mères*, *les jardins*, *les maisons*, *les champs*, etc. Quand je dis *des pères*, PÈRES est au *pluriel*, parce que ce mot exprime *plusieurs pères*. Même raisonnement sur *mères*, *jardins*, etc.

27. Pour marquer le pluriel d'un substantif on ajoute une *s* à la fin : *un livre*, *des livres*; *une rose*, *des roses*; *le canif*, *les canifs*.

REMARQUE. Les mots *le*, *un*, *ce*, *ma*, *ta*, *sa*, annoncent le *singulier*. Les mots *les*, *des*, *ces*, *mes*, *tes*, *nos*, *vos*, annoncent le *pluriel*.

8e LEÇON.

EXCEPTIONS A LA FORMATION DU PLURIEL DANS LES SUBSTANTIFS.

28. Les substantifs terminés au singulier par *s*, *x* ou *z* s'écrivent au pluriel comme au singulier : le *bras*, les *bras* ; le *puits*, les *puits* ; le *riz*, les *riz* ; le *nez*, les *nez* ; le *crucifix*, les *crucifix* ; la *voix*, les *voix*.

29. On forme le pluriel dans les substantifs terminés par *eau*, *au*, *eu*, en ajoutant un *x* : le *tuy*AU, les *tuy*AUX; le *mart*EAU, les *mart*EAUX ; le *li*EU , les *li*EUX.

30. Sept substantifs terminés par *ou* au singulier exigent un *x* au pluriel, les voici : *chou*, *caillou*, *genou*, *bijou*, *joujou*, *pou* et *hibou*. Un *chou*, des *choux* ; un *caillou*, des *cailloux*. Les autres substantifs terminés en *ou* suivent la règle générale : un *clou*, des *clous*; un *fou*, des *fous* ; un *licou*, des *licous*.

31. On forme le pluriel dans les substantifs terminés en *al*, *ail*, en changeant *al* ou *ail* en *aux* et jamais en *eaux* : un *mal*, des *maux* ; le *tribunal*, les *tribunaux*; un *émail*, des *émaux* ; le *corail*, les *coraux*. Mais *bal*, *carnaval*, *régal*, *cal*, *chacal*, etc., *détail*, *portail*, *éventail*, *attirail*, *sérail*, *gouvernail*, *camail*, *épouvantail*, *poitrail*, s'écrivent avec une *s* au pluriel. Ex.: le *bal*, les *bals*, etc.

QUESTIONS SUR LE SUBSTANTIF.

Comment reconnaît-on le nom ou substantif ? 16. — A quoi sert-il ? — Combien y a-t-il de sortes de substantifs ? 17. — Qu'est-ce que le substantif commun ? 18. — Qu'est-ce que le substantif propre ? 19. — Comment s'écrit la première lettre d'un substantif propre ? 20. — Combien y a-t-il de genres dans les substantifs? 21. — Comment reconnaît-on qu'un substantif est du genre masculin? 22. — Comment reconnaît-on qu'il est du genre féminin ? 23. — Combien y a-t il de nombres dans les substantifs ? 24. — Comment reconnaît-on qu'un substantif est au singulier ? 25. — Comment reconnaît-on qu'il est au pluriel ? 26. — Comment forme-t-on le pluriel dans les substantifs ? 27. — Quels sont les mots qui annoncent le singulier ? — Quels sont ceux qui annoncent le pluriel ? — Comment forme-t on le pluriel dans les substantifs terminés par *s*, *z*, ou *x* ? 28. — Comment forme-t-on le pluriel dans ceux terminés par *au*, *eau*, *eu* ? 29. — Comment forme-t-on le pluriel dans ceux terminés par *ou* ? 30. — Comment forme-t-on le pluriel dans les substantifs terminés par *al*, *ail* ? 31.

PREMIER EXERCICE (1). La maison, le château, le sol-

---

(1) Après avoir écrit ces substantifs au singulier sur le tableau noir, le maître les fera écrire au pluriel.

dat, le général, le chou, le fou, le tuyau, le matelas, le crucifix, le palais, le levier, le bocal, le soupirail, le cristal, le fromage, un potage, un bouquet, une fleur, une rose, le régal, le piquet, la garde, un village, une ville, la rivière, le ruisseau, le feu, le papier, la plume, le levraut, le cou, le joujou, le bijou.

2e. Le moulin, la glace, le bureau, une pendule, le caporal, le détail, un fleuve, une montagne, le verrou, le poitrail, un lac, une mer, une mère, la côte, la poule, le puits, le cardinal, un serpent, une brebis, le fils, la fille, une perdrix, le juge, la main, le pied, un bœuf, une vache, le frère, la sœur, le feu, la cendre, une poire, le vin, le discours, le caillou, le matou, le hibou.

3e. Le corail, le cheval, un berger, un couteau, une table, le feu, un signal, le licou, le sapajou, le canal, le bal, un éventail, un neveu, une nièce, un amiral, le boyau, le bois, le milieu, le camail, la loi, la nature, un parent, un ami, le canard, le jour, le fruit, une pêche, la raison, le trou, le moineau.

4e. Un attirail, le fléau, le daim, le poitrail, le bail, la bataille, la caille, l'agneau, le courroux, le houx, le fourneau, le frère, le mystère, l'écrivain, le peintre, le boulanger, le coucou, la perdrix, l'horloger, le boutiquier, le fuseau, le télégraphe, le capital, le principal, le bancal.

CHAPITRE DEUXIÈME.

9e LEÇON.

DE L'ARTICLE.

32. L'article est un mot que l'on place devant les noms ou substantifs communs, et qui en fait connaître le genre et le nombre.

Tout mot qui est placé avant un substantif, pour marquer qu'il s'agit d'*un* ou de *plusieurs* objets, est un ARTICLE.

Le cheval est un animal très utile *aux* hommes ; *ses* qualités sont nombreuses.

Le est placé avant le substantif *cheval*, pour marquer qu'il s'agit *d'un seul* cheval ; donc LE est article. *Un* est placé avant le substantif *animal*, pour marquer qu'il s'agit *d'un seul animal*; donc UN est article. *Aux* est placé avant le substantif *hommes*, pour marquer qu'il s'agit de *plusieurs* hommes; donc AUX est article. *Ses* est placé avant le substantif *qualités*, pour marquer qu'il s'agit de *plusieurs* qualités; donc SES est article (1).

TABLEAU DES ARTICLES.

33. Le, la, les,	simples.
34. Du, des, au, aux,	composés.
35. Ce, cet, cette, ces,	démonstratifs.
36. Mon, ma, mes; ton, ta, tes; son, sa, ses; notre, nos; votre, vos; leur, leurs,	possessifs.
37. Un, deux, trois, quatre, cinq, six, etc.,	numériques.
Quelque, plusieurs, maint, aucun, certain, tel, quel, lequel, laquelle, tout, toute, chaque,	indéfinis.

10ᵉ LEÇON.

38. PREMIÈRE REMARQUE. Au lieu de dire : la chaleur *de le* soleil, on dit la chaleur *du* soleil. On dit aussi : aller *au* village, pour aller *à le* village; la piété *des* hommes, pour la piété *de les* hommes; parler *aux* enfants, pour parler *à les* enfants. *Du, des, au, aux,* sont donc des articles *composés*, ou *contractés*.

39. 2ᵉ. Si le mot qui suit *le* ou *la* commence par une voyelle ou par une *h* muette, on supprime *e* dans l'article *le*, et *a* dans l'article *la*, et l'on y substitue une apostrophe (l'). On dit : *l'ange, l'amitié, l'homme;* et non : *le ange, la amitié, le homme.*

40. 3ᵉ. *Mon, ton, son,* s'emploient pour *ma, ta, sa,* quand le mot féminin qui suit commence par une voyelle ou par une *h* muette. On dit : *mon épée,* pour *ma épée; ton ame,* pour *ta ame; son enfance,* pour *sa enfance.*

41. 4ᵉ. On ajoute un *t* à *ce* avant une voyelle ou une *h* muette : *cet or, cet argent, cet homme.*

---

(1) Je considère les adjectifs possessifs et les démonstratifs comme de véritables articles, parce qu'ils remplissent les mêmes fonctions ; en cela je suis d'accord avec la plupart de nos meilleurs grammairiens. Quand je dis *mon* chapeau, *votre* maison, *tes* livres, c'est comme si je disais : LE chapeau de moi, LA maison de vous, LES livres de toi. *Mon, votre, tes,* servent à déterminer les substantifs *chapeau, maison, livre,* et non à les qualifier. (Beauzée, Condillac, Dumarsais, Domergue, Lemare, Vanier, Journal de la langue française.)

QUESTIONS SUR L'ARTICLE.

Qu'est-ce que l'article? 32. — Quels sont les articles simples? 33, — les articles composés? 34; — les articles démonstratifs? 35; — les articles possessifs? 36; — les articles numériques? 37; — les articles indéfinis? — Quand emploie-t-on *du* au lieu de *de le?* 38. — Quand emploie-t-on *au* au lieu de *à le*, et *aux* au lieu de *à les?* — Quand supprime-t-on *e* dans *le* et *a* dans *la?* 39. — Quand emploie-t-on *mon*, *ton*, *son*, au lieu de *ma, ta, sa?* 40. — Quand doit-on ajouter un *t* à l'article *ce?* 41.

EXERCICES SUR LE SUBSTANTIF ET SUR L'ARTICLE, *à faire traduire par le pluriel, après avoir fait corriger les fautes sur l'article.*

PREMIER EXERCICE. Le siége de le gouvernement, la consolation de le malheureux, le chef de le gouvernement, le homme de la nature, le fanal de le port, le vaisseau de le amiral, les beautés de le pays, le ami de la vérité, le palais de la nation, la maison de le juge, le légume de le jardin, le tambour de le régiment.

2ᵉ. La vie de le juste, le portail de la église, le puits de le village, le détail de la fête, le cou de le sapajou, le soupirail de la cave, le ami de mon père, le bijou de le marchand, la voix de le enfant, le troupeau de le berger, le clou de la porte, le poisson de le étang, le taureau de la étable.

3ᵉ. La modestie de le citoyen, le empereur de le Brésil, le instituteur de le village, la obéissance de les enfants, la dureté de le métal, le lion de la Afrique, la férocité de le léopard, le vaisseau de les États-Unis, la cour de le collége, le temple de le Seigneur.

CHAPITRE TROISIÈME.

11ᵉ LEÇON.

DE L'ADJECTIF.

42. L'adjectif est un mot que l'on ajoute au nom pour marquer la qualité d'une personne ou d'une chose. Tout mot qui sert à qualifier un autre mot, et avant lequel on peut placer IL EST TRÈS..., est un adjectif (1).

> Que le Seigneur est *bon !* que son joug est *aimable !*
> *Jeune* peuple, courez à ce maître *adorable.*

BON est un adjectif, 1° parce qu'il sert à qualifier le substantif *Seigneur ;* 2° parce qu'on peut dire : IL EST TRÈS *bon.* AIMABLE est un adjectif, 1° parce qu'il sert à qualifier le substantif *joug ;* 2° parce qu'on peut dire : IL EST TRÈS *aimable.*

43. Tout adjectif qui qualifie un substantif *masculin,* est au masculin. Tout adjectif qui qualifie un substantif *féminin,* est au féminin. Tout adjectif qui qualifie un substantif *singulier,* est au singulier. Tout adjectif qui qualifie un substantif *pluriel,* est au pluriel.

44. La réponse à la question QUI EST...? appliquée à un adjectif, indique le mot auquel l'adjectif se rapporte, et avec lequel il s'accorde. Ex : *Dieu est* PUISSANT.

Dites : QUI EST *puissant ?* Rép., *Dieu. Puissant* est au *masculin* et au *singulier,* parce qu'il se rapporte à *Dieu,* qui est du masculin et au singulier.

Les enfants OBÉISSANTS *font la joie de leurs parents.* Dites : QUI EST *obéissants ?* Rép., *les enfants. Obéissants* est au *masculin* et au *pluriel,* parce qu'il qualifie *enfants,* qui est du masculin et au pluriel.

Étude ATTRAYANTE. Dites : QUI EST *attrayante ?* Rép., *l'étude. Attrayante* est au féminin et au *singulier,* parce qu'il qualifie *étude,* qui est du féminin et au singulier.

Les prières FERVENTES. Dites : QUI EST *ferventes ?* Rép., *les prières. Ferventes* est au *féminin* et au *pluriel,* parce qu'il qualifie *prières,* qui est du féminin et au pluriel.

12ᵉ LEÇON.

45. L'adjectif n'a par lui-même ni *genre* ni *nombre ;* mais comme il sert à qualifier les personnes et les choses, il prend le *genre* et le *nombre* de la personne ou de la chose à laquelle il donne une qualité. Ex. :

---

(1) Il faut excepter certains adverbes, tels que *bien, mal, loin, près,* etc., et certaines expressions qui suppléent à des adjectifs, comme *en crédit, en faveur, en usage, à la mode,* etc.

Un petit garçon *instruit*, une petite fille *instruite*; des petits garçons *instruits*, des petites filles *instruites*.

46. On ajoute un *e* muet à l'adjectif qui qualifie un substantif féminin.

ADJECTIFS MASCULINS.		ADJECTIFS FÉMININS.	
	prudent.		prudentE.
	poli.		poliE.
	expert.		expertE.
Un homme	entendu.	Une femme	entenduE.
	sensé.		senséE.
	pris.		prisE.
	blond.		blondE.

47. Tout adjectif qui finit par un *e* muet au masculin, ne change point au féminin : c'est un adjectif de tout genre.

> Un homme ou une femme *affable*.
> Un homme ou une femme *agréable*.
> Un homme ou une femme *utile*.

QUESTIONS SUR LES ADJECTIFS.

Qu'est-ce que l'adjectif ? 42. — Comment s'accorde l'adjectif ? 43. — Comment reconnaît-on le substantif auquel l'adjectif se rapporte ? 44. — Les adjectifs prennent-ils les deux genres ? 45. — Comment forme-t-on le féminin dans les adjectifs ? 46. — Les adjectifs de tout genre, comme *affable*, *utile*, changent-ils au féminin ? 47.

EXERCICES SUR LA FORMATION DU FÉMININ DANS LES ADJECTIFS.

PREMIER EXERCICE. Une personne obligeant, une mère caressant, un magistrat honnête et poli, une tante indulgent, un frère prudent, une sœur exigeant, une fille dissimulé et négligent, une marâtre violent et colère, une personne vrai, humain, adroit, une femme exact, propre, économe.

2e. Une personne hautain, dur, médisant. Une veuve pauvre, ruiné. Une servante petit, laid. Une personne gai et amusant, sage et instruit. Une bergère mort et enterré. Une fille réservé et soumis. Une tante chéri et respecté.

3e. Un homme célèbre, habile ; une femme célèbre, habile ; un homme noir, grand, soumis ; une femme noir, grand, soumis; un homme prévenant, estimé, recherché; une femme prévenant, estimé, recherché; le fleuve débordé, glacé; la rivière débordé, glacé; le crucifix saint, sacré, admiré; la croix saint, sacré, admiré; le pont embelli, habité; la maison embelli, habité.

4e. Un ami sûr, fidèle, dévoué; une personne sûr, fidèle, dévoué; le drapeau bleu, blanc, rouge; l'enseigne vert, rouge, bleu; Dieu puissant, admirable, adoré; la sainte Vierge puissant, admirable, honoré; le loup hardi, vorace, altéré; la louve hardi, vorace, altéré; le bois étendu, touffu, serré; la forêt étendu, touffu, serré.

Nota. Le maître fera faire plusieurs exercices semblables, jusqu'à ce que ses élèves sachent bien former le féminin dans les adjectifs dont le genre se forme régulièrement par l'addition d'un e muet. Il les fera d'abord corriger au singulier, puis les élèves les mettront au pluriel, et les analyseront.

13e LEÇON.

EXCEPTIONS SUR LA FORMATION DU FÉMININ DANS LES ADJECTIFS.

48. On double la dernière consonne en ajoutant un e muet pour former le *féminin* dans les adjectifs terminés au *masculin* par :

MASCULIN.	FÉMININ.
EL, comme cru*el*,	qui fait crue*lle*,
EIL, ——— verm*eil*,	——— vermei*lle*,
UL, ——— n*ul*,	——— nu*lle*,
OL, ——— f*ol*,	——— fo*lle*,
AS, ——— b*as*,	——— ba*sse*,
ÈS, ——— expr*ès*,	——— expre*sse*,
OS, ——— gr*os*,	——— gro*sse*,
ON, ——— fripo*n*,	——— fripo*nne*,
IEN, ——— anc*ien*,	——— ancie*nne*,
OT, ——— vieil*ot*,	——— vieillo*tte*,
ET, ——— cad*et*,	——— cade*tte*.

49. Pourtant *concret, complet, discret, prêt, inquiet, replet,* font : *concrète, complète, discrète, prête, inquiète, replète; ras* fait *rase.*

50. On écrit au masculin *bel, nouvel, fol, mol, vieil,* au lieu de *beau, nouveau, fou, mou, vieux,* quand ces adjectifs sont placés avant un mot qui commence par une voyelle ou une *h* muette : bel *arbre,* nouvel *habit,* fol *espoir,* mol *edredon,* vieil *ami.*

14ᵉ LEÇON.

51. Dans les adjectifs terminés au masculin par *f,* comme *veuf, vif, bref,* on change le *f* en *ve,* pour former le féminin : un homme *veuf, vif, bref;* une femme *veuve, vive, brève.*

52. Dans les adjectifs terminés par *c* au masculin, comme *public, caduc, franc,* on change le *c* en *que* ou en *che* pour former le féminin : un homme *public, caduc;* une place *publiQUE,* une femme *caduQUE;* un homme *blanc, franc, sec;* une femme *blancHE, francHE, sècHE.* Cependant *grec* conserve le *c* au féminin : *une femme grecQUE.*

53. Dans les adjectifs terminés au masculin par *x,* on change *x* en *se: honteux, honteuse; jaloux, jalouse.* Cependant *doux* fait *douce; roux* fait *rousse; vieux* fait *vieille; faux* fait *fausse.*

54. Dans les adjectifs terminés par *ier,* comme *fier;* ou par *er,* comme *léger,* on forme le féminin en ajoutant un *e* muet et mettant un accent grave sur l'*e* qui précède la lettre *r* : *léger, légère; fier, fière.*

55. *Malin* fait *maligne ; bénin, bénigne; long, longue; tiers, tierce; frais, fraîche; favori, favorite; coi, coite; gentil, gentille.*

15ᵉ LEÇON.

56. Dans les adjectifs terminés au singulier par *eur,* comme *flatteur, facteur, trompeur,* on forme le féminin en *euse* ou en *trice.*

Quand on peut changer *eur* en *ant,* l'adjectif a sa terminaison au féminin en *euse* : ainsi *flatteur* fait *flatteuse,* parce qu'on peut dire *flattANT ; fileur* fait *fileuse,* parce qu'on peut dire *filANT ; chanteur* fait *chanteuse,* parce qu'on peut dire *chantANT.*

On forme le féminin en *trice,* quand on ne peut pas changer *eur* en *ant :* ainsi *facteur* fait *factrice,* parce qu'on ne peut pas dire *factant*; *adulateur* fait *adulatrice*, parce qu'on ne peut pas dire *adulatant*.

Cependant *exécuteur, persécuteur, inspecteur* et *inventeur*, font *exécutrice, persécutrice*, etc., quoiqu'on dise bien : *exécutant, persécutant*, etc.

57. *Pécheur* (qui fait des péchés), *enchanteur, défendeur*, font *pécheresse, enchanteresse, défenderesse* (1).

58. Quelques substantifs, comme *soldat, artisan, censeur, écrivain, poëte, imprimeur, orateur*, etc., peuvent devenir adjectifs; dans ce cas, ils s'écrivent au masculin comme au féminin. Ex. : un homme *écrivain*, une femme *écrivain*.

59. Les adjectifs *agresseur, imposteur, fat, rosat* (miel), *châtain*, ne s'emploient pas au féminin. *Majeur, mineur, meilleur, antérieur, supérieur*, etc., font *majeure, mineure, meilleure, antérieure, supérieure*, etc. *Gouverneur, serviteur*, font *gouvernante, servante*.

16e LEÇON.

60. On forme le pluriel dans les adjectifs en y ajoutant une *s* à la fin : *un homme grand, des hommes grands; le bon père, les bons pères.*

61. Les adjectifs terminés au singulier par *s* ou par *x* ne changent point au pluriel masculin : *un homme gros, des hommes gros; un homme heureux, des hommes heureux.*

62. On met *x* au pluriel dans les adjectifs terminés par *au* : *un livre nouveau, des livres nouveaux.*

63. Dans la plupart des adjectifs terminés par *al* au singulier, comme *libéral*, on change *al* en *aux* : *un bien féodal, des biens féodaux; un homme égal, des hommes égaux.*

64. Cependant on ajoute une *s* au pluriel masculin des adjectifs *nasal, fatal, filial, pascal, théâtral, central, final*, etc.; *des sons nasals, des instants fatals*. L'Académie a adopté le pluriel *nasaux*.

---

(1) *Débiteur, vendeur*, termes de pratique, font *débitrice, venderesse*. Mais on dit régulièrement : une *débiteuse* de mauvaises nouvelles, une *revendeuse* de fruits.

65. Quand un adjectif qualifie deux substantifs singuliers, on met cet adjectif au pluriel : Le roi et le berger sont *égaux* après la mort. *Egaux* est au pluriel, parce qu'il qualifie *roi* et *berger*.

66. On met encore l'adjectif au masculin et au pluriel, quand il qualifie deux substantifs de différent genre : Ton *frère* et ta *sœur* sont *chéris* et *estimés*.

67. On met l'adjectif au féminin et au pluriel, quand il qualifie deux substantifs féminins : La *figure* et la *tête enflées*. Les adjectifs unis *bleu-clair*, *châtain-foncé*, *rose-tendre*, etc., sont invariables; des étoffes *bleu-clair*, c'est-à-dire d'un *bleu clair*. Cependant, si la couleur de l'étoffe était *bleue* et que l'étoffe fût *claire* par son tissu, on conçoit qu'on devrait dire : des étoffes *bleues claires*, et mieux *bleues et claires*.

QUESTIONS SUR LA FORMATION DU FÉMININ DANS LES ADJECTIFS.

Comment forme-t-on le féminin dans les adjectifs terminés par *el*, *eil*, *ul*, *ol*, *as*, *es*, *os*, *on*, *un*, *ot*, *et ?* 48. — Comment forme-t-on le féminin dans les adjectifs *concret*, *complet*, *discret*, *prêt*, *inquiet*, *replet ?* 49. — Quelle remarque avez-vous à faire sur *bel*, *nouvel*, *fol*, *mol*, *vieil ?* 50.—Comment forme-t-on le féminin dans les adjectifs terminés par *f ?* 51; — dans ceux terminés par *c ?* 52; — dans ceux terminés par *x ?* 53;— dans ceux terminés par *ier ?* 54.— Comment font au féminin *malin*, *bénin*, *long*, *tiers*; *favori*, *géant*, *coi*, *gentil ?* 55. — Comment forme-t-on le féminin dans les adjectifs terminés par *teur*, comme *flatteur*, ou par *eur*, comme *trompeur ?* 56. — Quelles sont les exceptions ? — Comment font au féminin *pécheur*, *enchanteur*, *défendeur*, *vendeur ?* 57. —Comment font au féminin certains substantifs employés comme adjectifs tels que *soldat*, *artisan*, *censeur*, *écrivain*, *poète*, *orateur*, etc.? 58. —Comment font au féminin les adjectifs *agresseur*, *imposteur*, *fat*, *châtain ?* 59.

Comment forme-t-on le pluriel dans les adjectifs ? 60.—Comment le forme-t-on dans ceux terminés par *s* ou par *x ?* 61. — Comment le forme-t-on dans ceux terminés par *eau ?* 62; — dans ceux terminés par *al ?* 63.—Tous les adjectifs terminés par *al* forment-ils leur pluriel par le changement de *al* en *aux ?* 64.—Comment s'accorde l'adjectif qui qualifie deux substantifs singuliers ? 65;— celui qui qualifie deux substantifs de différent genre ? 66; — celui qui qualifie deux substantifs féminins ? 67.

EXERCICES SUR LE SUBSTANTIF, L'ARTICLE ET L'ADJECTIF (1).

PREMIER EXERCICE. L'enfant gai, la sœur chéri, le maître patient, la maîtresse patient, la table rond, la robe bleu, le livre utile, la plume taillé, mon couteau perdu, ma leçon récité, l'appartement éclairé, la chambre obscur et noir.

2e. Le voyageur fatigué, une nuit brillant, le peuple inconstant, la province ruiné et pillé, le rocher escarpé, le mur construit, la maison construit et commode, la fosse profond et effrayant.

3e. L'élève studieux, instruit et sage; la petite fille studieux, instruit et sage; un enfant enjoué et amusant, une maison blanc et peint, un homme emporté et bizarre, une femme emporté et bizarre, la femme retenu et soumis; ma sœur trompé, affligé, perdu.

4e. Les Tyriens sont industrieux, patient, laborieux, propre, sobre et ménager; ils ont une exact police; ils sont parfaitement d'accord entre eux; jamais peuple n'a été plus constant, plus sincère, plus fidèle, plus sûr, plus commode à tous les étrangers. (*Télémaque.*)

5e. Ce vieillard avait un grand front chauve et un peu ridé; une barbe blanc pendait jusqu'à sa ceinture; sa taille était haut, majestueux; son teint encore frais et vermeil, ses yeux vif et pénétrant; sa voix doux, ses paroles simple et aimable; jamais je n'ai vu un si vénérable vieillard.

NOTA. *Faites faire des exercices semblables.* (Voyez l'*Art d'enseigner*, nouvelle édition.)

17e LEÇON.

68. On peut donner aux adjectifs trois degrés de signification.

1° Le positif, qui énonce la qualité sans comparaison : *enfant sage, homme aimable.*

2° Le comparatif, qui énonce la qualité avec comparaison. Il y a trois comparatifs :

Le comparatif d'*égalité*: Paul est *aussi sage* que Jules;

____

(1) On fera mettre ces exercices au pluriel après les avoir fait corriger au singulier

Le comparatif de *supériorité* : Paul est *plus sage* que Jules ;

Le comparatif d'*infériorité* : Paul est *moins sage* que Jules.

3° Le superlatif, qui énonce la qualité portée à un suprême degré. Il y a deux superlatifs : Paul est *très sage*, *fort sage*, *extrêmement sage*, est le superlatif *absolu* ; on le forme avec les mots *très, fort, extrêmement*. On forme le superlatif relatif avec les mots *le plus, la plus* ; *le moins, la moins* : De tous les élèves de cette classe, Paul est *le plus sage*, Pierre est *le moins sage*.

69. On dit *meilleur* au lieu de *plus bon*, qui n'est pas français ; *moindre* au lieu de *plus petit* ; *pire* au lieu de *plus mauvais* : Cette pêche est *meilleure que l'autre* ; cette somme est *moindre que la tienne* ; ce vin est *pire que le mien. Meilleur, moindre, pire*, qui sont des comparatifs, peuvent être employés comme superlatifs, en les fesant précéder des articles *le, la, les.* Ex. : *Le pire des états est l'état despotique.*

REMARQUE. Certains adjectifs, qui ne se prennent que dans un sens absolu, ne sont pas susceptibles de divers degrés de signification, et ne s'emploient qu'au positif ; tels sont : *éternel, immortel, unique*, etc. On ne peut pas dire : *plus, moins, très* éternel, etc.

QUESTIONS SUR LES ADJECTIFS COMPARATIFS.

Combien distingue-t-on de degrés de signification dans les adjectifs ? 68. — Qu'est-ce que l'adjectif au positif ? — Qu'est-ce que le comparatif d'égalité ? — Qu'est-ce que le comparatif de supériorité ? — Qu'est-ce que le comparatif d'infériorité ? — Comment forme-t-on le superlatif absolu ? — le superlatif relatif ? — Comment change-t-on les comparatifs *meilleur, moindre, pire*, en superlatifs ? 69. — Quels sont les adjectifs qui ne sont pas susceptibles des divers degrés de signification ? (Remarque.)

EXERCICES SUR LES DIFFICULTÉS DE L'ADJECTIF.

PREMIER EXERCICE. Sa (1) trompeur entreprise, l'as-

---

(1) Au pluriel *ses*. Le maître fera bien sentir aux élèves la différence qu'il y a entre *ces* démonstratif et *ses* possessif. On distingue *ces* de *ses*, en ce que *ces* sert à montrer les objets dont on parle, et qu'il ne peut pas se tourner par *de lui, d'elle* ; tandis que *ses* marque une possession, et qu'il peut se tourner par *de lui, d'elle, d'eux.* CES

semblée législatif, l'analyse minutieux, la voix fort et sonore, une justification personnel et important, la faux ponctuation, la leçon négligé reconnu essentiel, l'analyse grammatical, la parole flatteur, doux, insinuant, la provocation séditieux, les intentions malins (1).

2ᵉ. Un sentiment filial, ce discours brutal, la nécessité ingénieux, ma meilleur grammaire, ton opinion erroné et subversif de tout principe, ta déclamation sentimental, fastidieux et insipide, ma parole bref et tranchant, ta vieil routine redressé, la faux et noir calomnie, la singulier et triste aventure.

3ᵉ. Ton opinion original, hardi, vif et indépendant, un esprit étroit, profond, une imagination étroit, profond, la statue grec abattu sur la place public, la spirituel madame de Sévigné, une proposition conjonctif, le vieil arsenal.

4ᵉ. Une forme nouvel, la critique impartial, ton ancien méthode, la troupe victorieux, un partage égal, la méthode universel, l'enseignement mutuel, notre école mutuel, un instant fatal, ton dîner frugal, une femme orateur.

5ᵉ. Une lumière vif et rayonnant, la malice infernal, la piété filial, une forme distinctif, une expression neuf, concis, exact, une personne querelleur, radoteur, indiscret, une loi conservateur et protecteur, une vieil inimitié, ta démarche franc et loyal, une discussion perpétuel et orageux.

6ᵉ. Ta malin observation, une robe long et bleu, une raison positif et formel, cette femme est débiteur d'une forte somme, cette médisante est débiteur de mauvaises nouvelles, cette fleur artificiel et fané, la flotte turc a vaincu la flotte grec, un conte moral et récréatif, le pays méridional est chaud, la province méridional est chaud.

7ᵉ. Un homme admirateur, causeur. Une femme admirateur, causeur. Cette nouvel place lucratif est recherché par un homme avide. Ce peuple sauvage d'une

---

plumes sont à *Ernest*. Ici *ces* sert à montrer les plumes. Où est Ernest? voici *ses* plumes. Ici *ses* sert à marquer la possession : les plumes *de lui*, dont il est le possesseur.

(1) Pour se servir avantageusement de ces exercices, voyez L'ART D'ENSEIGNER LA GRAMMAIRE FRANÇAISE.

contrée inconnu et fort éloigné. Mon fils, apportez une attention continuel et soutenu à tout vos paroles. Cette négociation difficile, tant de fois interrompu et repris, est terminé. Cette petite fille est resté coit. L'œil bleu et vif de ce jeune enfant. Le mouvement diurne et le mouvement annuel de la terre. La révolution diurne et la révolution annuel de la terre.

8°. Un homme honoré et chéri. Une femme honoré et chéri. Un homme et une femme honoré et chéri. Cet homme veuf est mort et enterré. Cette femme veuf est morte et enterré. Une habitude invétéré devient une passion fort et violent. Cette religieuse est distributeur des aumônes de la reine. Cette plante sec et roux. Les joies mondaines sont faux et trompeur.

9°. Un homme malheureux, proscrit et fugitif. Une femme malheureux, proscrit et fugitif. La vie court et bref du papillon léger. Un arbre productif. Une terre productif. Cette femme orgueilleux et vindicatif. Un homme et une femme orgueilleux et vindicatif. La justice de Dieu est rémunérateur ou vengeur.

10°. Ernest moins original et plus jovial. Cette tournure grammatical, vif et ingénieux. Le sirop sucré et pectoral. La tisane sucré et pectoral. La maladie long et ruineux. La vertu curatif des plantes.

11°. Le corail rouge, recherché. Le paon criard et désagréable ; sa femelle aussi criard et ennuyeux. Un terme court ou long, une échéance court ou long. Un homme fou, muet, replet. Une femme fol, muet, replet. Un homme attendri, abattu. Ta sœur et ta cousine chéri et estimé. L'ail de mon jardin est fort, piquant et tonique ; l'échalotte fort, piquant et tonique. La personne trompé et affligé. Un garçon niais, partial et distrait. La jeune fille niais, préoccupé, partial et distrait.

12°. Une rose épanoui et ouvert. La tulipe bleu et vert. La loi précis et exécuté. Une fleur éclos et flétri. Le coup fatal et terrible. Le soupirail utile et commode. La femme impatient et tourmenté. La muraille épais et haut. Ce nouveau étourdi. Cette boisson pectoral et doux. Cette pâte est bis ou roux. Le froid glacial est excessif. La pluie glacial est consécutif. Un attirail génant et fastidieux. Une tournure gênant et fastidieux; cette étoffe grec est blanc et très frais.

PREMIER EXERCICE. Le léopard aussi féroce que le tigre, la rivière aussi profond que le lac, la rose plus beau que la tulipe, la louve plus cruel que la lionne, le renard plus malin que le loup, la franchise meilleur que la ruse, le remède pire que le mal, la santé plus précieux que l'or, le mal moindre que la peur, la sœur plus attentif, plus circonspect, plus spirituel que son frère, cette province moins étendu que la nôtre, la fortune moins sûr que la science.

2e. L'historien très impartial, la loi très juste, la paresse très nuisible et très odieux, la lecture très moral, le travail très utile, la prière est pour les malheureux la meilleur des consolations, l'oisiveté est le pire des défauts, la moindre négligence peut entraîner les plus grands maux, la crainte du Seigneur est la plus salutaire des craintes, le remords est la plus cruel des tortures, les peines de l'esprit sont les moins tolérables, la charité est la plus grand des vertus, la plus fort dépense est celle du temps.

CHAPITRE QUATRIÈME.

18e LEÇON.

DU PRONOM.

70. Tout mot qui représente un substantif, pour en éviter la répétition, est un pronom. Exemple : *Nulle paix pour l'impie;* IL *la cherche,* ELLE *fuit.* (RACINE.)

Le mot IL est un pronom, 1° parce qu'il représente le substantif *impie,* 2° parce qu'il sert à éviter la répétition de ce substantif. Sans le secours du mot IL, j'aurais été obligé de dire : *Nulle paix pour l'impie;* L'IMPIE *la cherche,* etc.

Le mot ELLE représente le substantif *paix;* donc ELLE est un pronom.

71. Il y a six sortes de pronoms : les *personnels,* les *démonstratifs,* les *possessifs,* les *relatifs* ou *conjonctifs,* les *interrogatifs* et les *indéfinis.*

19 LEÇON.

72. Les pronoms *personnels* sont ceux qui désignent plus particulièrement les personnes. Ils sont toujours sujets ou compléments des verbes.

73. Il y a trois personnes : la première est *celle* qui parle : *moi, je* désire vous voir. La seconde est *celle* à qui l'on parle : *toi, tu* désires me voir. La troisième est *celle* de qui l'on parle : *lui, il* désire me voir.

74. Première personne. *Je, me, moi,* pour le singulier. *Nous,* pour le pluriel.

Seconde personne. *Tu, te, toi,* pour le singulier. *Vous,* pour le pluriel. Ces pronoms sont des deux genres.

Troisième personne. *Il, le, lui,* pour le masculin singulier.

Elle, la, lui, pour le féminin singulier.

Ils, eux, les, leur, pour le masculin pluriel.

Elles, les, leur, pour le féminin pluriel.

Se, soi, sont des deux genres et des deux nombres.

20ᵉ LEÇON.

75. REMARQUE. *Le, la, les,* sont *articles,* quand ils se trouvent placés avant un substantif : *le père, la mère, les villages ;* ils sont pronoms, quand ils représentent un substantif ; alors ils sont ordinairement placés avant un verbe : Cet homme, je LE connais : *le* représente *homme.* Ma mère est bonne, je LA chéris : *la* représente *mère ;* J'aime les sciences, je LES cultive : *les* représente *sciences.*

76. *En* et *y* sont des pronoms. Le premier s'emploie en parlant des personnes et des choses, et signifie *de lui, d'elle, d'eux, d'elles, de cela ;* le second ne s'emploie qu'en parlant des choses, et signifie *à cette chose, à ces choses.* Ex. : C'est un homme de bien, on EN fait grand cas. *En* est mis pour *de lui.* Savez-vous le catéchisme ?—J'EN sais une partie. *En* est mis pour *de cette chose, de cela,* du catéchisme. Etudiez-vous l'histoire ? Oui, je m'y applique. Ici *y* signifie *à cette chose,* à l'histoire.

77. Les pronoms personnels *je, tu, il, ils,* sont toujours employés comme sujets. Les pronoms *me, te, se, soi, le, la, les, en, y, que, dont, où,* sont toujours employés comme compléments. Les pronoms *elle, lui, elles, eux,* *nous, vous, celui, celle, ceux, celles, ceci, cela,* sont tantôt sujets et tantôt compléments.

21e LEÇON.

78. Les pronoms *démonstratifs* sont ceux qui servent à indiquer les personnes ou les choses dont on parle. Ces pronoms sont :

SINGULIER.		PLURIEL.	
Masculin.	*Féminin.*	*Masculin.*	*Féminin.*
Celui.	Celle.	Ceux.	Celles.
Celui-ci.	Celle-ci.	Ceux-ci.	Celles-ci.
Celui-là.	Celle-là.	Ceux-là.	Celles-là.
Ce, ceci, cela.			

79. REMARQUE. *Celui-ci, celle-ci,* s'emploient pour désigner des personnes ou des choses qu'on a nommées les dernières ; et *celui-là, celle-là,* pour désigner des personnes ou des choses qu'on a nommées les premières. Ex. : *La rose et l'œillet sont de belles fleurs; vous aimez* CELUI-CI, *je préfère* CELLE-LA. Celui-ci désigne l'œillet, celle-là désigne la rose.

80. Les pronoms *possessifs* sont ceux qui représentent un substantif en même temps qu'ils en marquent la possession. Ces pronoms sont :

SINGULIER.		PLURIEL.	
Masculin.	*Féminin.*	*Masculin.*	*Féminin.*
Le mien.	La mienne.	Les miens.	Les miennes.
Le tien.	La tienne.	Les tiens.	Les tiennes.
Le sien.	La sienne.	Les siens.	Les siennes.
Le nôtre.	La nôtre,		
Le vôtre.	La vôtre.	*Des deux genres.*	
Le leur.	La leur.	Les nôtres, les vôtres, les leurs.	

81. On met un accent circonflexe sur l'ô dans *notre, votre,* quand ces mots sont placés après un article : Ce château est le *nôtre,* celui-ci est le *vôtre;* ces propriétés sont les *nôtres,* et non les *vôtres.* Les pronoms possessifs s'analysent comme un seul mot, quoiqu'ils soient composés de deux.

22e LEÇON.

82. Les pronoms *relatifs* ou *conjonctifs* sont ceux qui ont un rapport intime avec un substantif qui les précède. Ces pronoms sont *qui, que, quoi, à quoi, dont, où, lequel, laquelle, lesquels, lesquelles.*

Les pronoms relatifs s'accordent avec leur antécédent. On appelle *antécédent* le mot auquel se rapporte le pronom, parce que ce mot est toujours placé avant le pronom. Ex.: *L'enfant* qui étudie deviendra savant. *Qui* est au masculin singulier, parce qu'il se rapporte au mot *enfant*, son *antécédent*, qui est du masculin et au singulier. *Les femmes* que tu as entendues chanter. *Que* est au féminin pluriel, parce qu'il se rapporte à *femmes*, son *antécédent*, qui est du féminin et au pluriel.

Les pronoms *qui*, *que*, *dont*, *où*, sont des deux genres et des deux nombres.

83. Les pronoms *interrogatifs* sont ceux qui servent à l'interroger. Ces pronoms sont : *Qui? Que? Quoi? A quoi? Le quel? La quelle?* Ex. : *Qui* vous a dit cela? *Que* réclamez-vous ? *A quoi* pensez-vous ?

84. Les pronoms interrogatifs *Le quel? La quelle? Du quel? Au quel?* s'écrivent en deux mots; quand ces pronoms sont relatifs, ils s'écrivent en un seul mot.

85. Les pronoms *indéfinis* sont : *on, quiconque, autrui, chacun, tout, rien, quelqu'un, personne, l'un, l'autre, qui que ce soit, quoi que ce soit.* Ces pronoms seraient plus justement appelés substantifs indéterminés.

QUESTIONS SUR LES PRONOMS.

Qu'est-ce que le pronom? 70. — Comment divise-t-on les pronoms? 71. —Qu'est-ce que le pronom personnel? 72.— Combien y a-t-il de personnes? 73.—Quels sont les pronoms de la première personne? 74.—Quels sont ceux de la seconde? — Quels sont ceux de la troisième? 74.—Quand *le, la, les,* sont-ils articles ou pronoms? 75. — *En* et *y* ne sont-ils pas aussi pronoms? 76. — Quel est l'emploi de *en* et *y*? 76.—Comment emploie-t-on les pronoms personnels? 77. — Qu'est-ce que les pronoms démonstratifs? 78. — Comment emploie-t-on *celui-ci, celui-là*? 79. — Qu'est-ce que le pronom possessif? 80.—Quelle remarque avez-vous à faire sur *nôtre, vôtre*? 81. —Qu'est-ce que le pronom relatif? 82.—Comment s'accorde ce pronom? — Qu'appelle-t-on antécédent? — De quel genre sont les pronoms *qui, que, dont, où*?—Qu'est-ce que les pronoms interrogatifs? 83. —Quelle remarque avez-vous à faire sur les pronoms *le quel, la quelle, du quel, au quel*? 84.—Quels sont les pronoms indéfinis? 85.

EXERCICES SUR LE SUBSTANTIF, SUR L'ARTICLE, SUR L'ADJECTIF, ET SUR LE PRONOM (*accord de genre et de nombre*).

PREMIER EXERCICE. Cet homme est savant, il sera

estimé de notre société. Ta sœur et la mien sont naïf et spirituel, elle étaient chéri dans leur pension. Ce bien est le votre, celui-ci est le notre, il nous sont échu en partage. Mon habit est plus moderne que le tien, il est neuf.

2e. Ta propriété est à toi, la mien est à moi, elle m'a été légué par le meilleur et le plus tendre des pères, que je ne cesserai jamais de pleurer. Cet marchandise est bien bel, elle sera vendu aujourd'hui ; la tien n'est pas aussi avantageux, elle est moins frais. Cet homme est très charitable, il est très estimé. Ce nouveau emploi n'est pas le vôtre.

3e. Cette maison est plus grand que la tien, elle sera loué à ton ami ; la notre sera embelli. Ton ami est parti avec le mien qui est fort triste. Qui donne aux pauvres prête à Dieu, qui rend avec usure. La bienfaisance est loin d'appauvrir celui qui la pratique.

4e. La figure est très spirituel, elle est enchanteur. Ce cheval n'est pas aussi beau que le notre ; il sera conduit à la foire, où il sera vendu. Cet lampe est éteint, elle était brillant. Ton gâteau est plus beau que le mien. Ta tourte est plus gros que la mien. Arrivé à la maison, et surpris de n'y trouver personne, la mère poussa un cri dont les environs retentirent.

5e. Ton beau habit bleu est plus joli que le mien ; il faut être propre ; mais l'habit le plus beau te rendra moins remarquable que la bonne conduite. L'homme le plus sage est le plus heureux. La Providence a voulu que ceux qui remplissent leurs devoirs eussent en ce monde des joies plus doux et des peines moins vifs et moins amers.

6e. Cet table est brisé, elle sera remis à neuf. Jules est aimable, il est studieux. Ta cousine a reçu le prix de sagesse ; elle a été loué des spectateurs et des spectateuses. Ce fruit est mûr, il est très bon. Cette personne est fort spirituel, elle sera recherché ; ces qualités, ces grâces plaisent.

7e. Ce fou est dangereux et brutal. Cet personne dangereux, indiscret, malin. Cet étoffe blanc et bleu est très recherché. La vieil province conquis et pillé. Ton fou et déloyal camarade est étonnant. Cet charmant petite fille est muet; elle est admirable par ces grâces et ces talents extraordinaires. La vie est court, elle doit être employée tout entière à de bons œuvres. Mon bien est inégal au tien. Ton idée faux et baroque. Sa démonstration est clair, vif et animé; la tien est obscur et lent.

8e. Un terme usuel et trivial. Cet expression usuel est très trivial, elle est cependant admis. Ta sœur est plus enjoué, plus adroit, plus gentil que la mien. Cet personne est franc et libéral. Ma tante fut donataire de cette propriété, dont elle sera un jour donateur. Un principe général et vital, des principes général et vital. Le vice est oisif, la vertu laborieux.

9e. Cet personne est ennuyeux et rancunier. Ma sœur était spectateur de ce dangereux combat; la votre était moins courageux, on lui a reproché d'avoir été poltron. Cet chambre qui vous paraît neuf, est frais et malsain. Cette femme délateur et honni. Cet décision administratif est très onéreux à l'état. Ma chétif et mauvais toilette est bien plus incomplet que la votre. Cette plante est originaire d'une contrée méridional. Ces fleurs sont artificiels.

10e. Cette plante coupé, séché et bouilli, est purgatif. Mon fils a souffert des douleurs plus aiguë et plus continuel que celles dont le votre se plaint. Voilà, mes enfants, le repas frugal de notre fête patronal; il est simple et sain. Elle est exempt de reproche, elle nous a montré nos tort. Cet maison est vaste et commode; ces appartement sont bien aéré.

11e. La terre sec et stérile des plaine d'Alger rendu fertile. Voilà un son final très désagréable. Cet histoire est ingénieux, vrai et très sensé; elle est moral et récréatif. Ta sœur est meilleur que la mien; elle est plus doux et plus craintif. Le superbe château de ce riche propriétaire est embelli de tableau superbe, que nous avons admirés. Il y en a un qui nous a frappés plus particulièrement; il représente le Fils de Dieu mourant sur la croix pour notre salut. Impatient et inquiet de connaître la délibération solennel du sénat, la reine y alla elle-même.

12e. Cette affaire avantageux fut interrompu, et elle ne sera jamais terminé. La place public de cet ville est très long et très large. La fille de ton frère est très doux ; elle a l'humeur bénin. Ton fou espoir, mon fils, et ton mou abandon te seront fatal. Cet personne chicaneur, médisant et calomniateur, est haï et méprisé de tous ceux qui la connaissent. Cet tournure grammatical est meilleur et plus rationnel que celle-ci. Ce local est vaste et bien beau. Rien n'est plus avantageux qu'une bon et loyal conduite. Combien une mère est joyeux et fortuné lorsqu'elle voit ses cher enfant empressé de lui plaire en pratiquant les vertus auxquelles elle s'est appliquée à les former !

CHAPITRE CINQUIÈME.

23e LEÇON.

DU VERBE.

86. Le verbe est un mot qui exprime ou l'*état* dans lequel est le sujet, ou l'*action* qu'il fait.

On appelle *verbe d'*ÉTAT, celui qui exprime l'état dans lequel se trouve le sujet, Ex. : *Rose est admirée.*

On appelle *verbe d'*ACTION, celui qui exprime l'action faite par le sujet. Ex. : *Dieu punit les méchants.*

Dans *je cours*, COURS exprime l'action qui est faite par *je* ; *tu mangeas*, MANGEAS exprime l'action qui a été faite par *tu* ; *nous buvions*, BUVIONS exprime l'action qui a été faite par *nous* ; *vous marcherez*, MARCHEREZ exprime l'action qui sera faite par *vous*.

87. Tout mot qu'on peut placer après NE PAS, ou entre NE... et PAS..., est un verbe : *chanter, sonner, venir, finir, voir, recevoir, rire, battre, tordre, joindre*, sont des verbes, parce qu'on peut dire : NE PAS *chanter*, NE PAS *finir*, etc. ; ou encore : tout mot qu'on peut mettre après *je, tu, il, elle, nous, vous, ils, elles*, est un verbe ; *rire* est un verbe, parce qu'on peut dire : *il rit, tu ris, vous riez*, etc.

24e LEÇON.

DU SUJET DU VERBE.

88. Le sujet du verbe est le mot représentant l'*être* qui est dans l'*état* que le verbe exprime (pour les verbes d'état) ou qui fait l'*action* que le verbe exprime (pour les verbes d'action). Ex. : *Le cygne est blanc.* Le sujet *cygne* est dans cet *état. Le cygne nage*, le sujet *cygne* fait *l'action* de *nager.*

89. On reconnaît le sujet d'un verbe en fesant la question *qui est* ou *qui fait l'action de.....?* et en ajoutant à cette question le verbe dont on veut connaître le sujet. Ex. : *Le maître corrige les devoirs.* Qui fait l'action de corriger? Réponse, *le maître ;* voilà le sujet du verbe *corriger. Nous nageons.* Qui fait l'action de nager ? *Nous ,* sujet de *nager.*

90. Le sujet d'un verbe est ou un substantif, ou un pronom, ou un infinitif.

91. Tout verbe dont le sujet est *singulier*, est aussi au *singulier.* Tout verbe dont le sujet est *pluriel*, est aussi au *pluriel.* Tout verbe dont le sujet est de la première personne, est aussi à la première personne. Tout verbe dont le sujet est de la seconde personne, est aussi à la seconde personne. Tout verbe dont le sujet est de la troisième personne, est aussi à la troisième personne.

Je chante, CHANTE est à la première personne du singulier, parce que *je,* son sujet, est de la première personne du singulier.

Nous chantons, CHANTONS est à la première pers. plur., parce que *nous ,* son sujet, est de la première pers. plur.

92. *Je, nous*, marquent la première personne, celle qui parle.

Tu, vous, marquent la seconde personne, celle à qui l'on parle.

Il, elle, ils, elles, et tout substantif placé avant un verbe, marquent la troisième personne, celle de qui l'on parle.

25ᵉ LEÇON.

93. Il y a trois temps principaux dans les verbes : 1° Le PRÉSENT, qui marque que la chose se fait dans le moment où l'on parle : *je marche* est au présent (l'action de marcher se fait au moment où je parle).

2° Le PASSÉ ou *prétérit*, qui marque que la chose a été faite : *j'ai lu* (l'action de lire est passée).

3° Le FUTUR, qui marque que la chose se fera : *je lirai* (l'action de lire se fera).

94. Les temps des verbes sont *simples* ou *composés*. Les temps *simples* sont ceux qui s'expriment par un seul mot, non compris le pronom : *chanter, chantant, je chante, elle chanta, nous dînerons.* Les temps *composés* sont ceux qu'on exprime par plusieurs mots : *avoir chanté, nous avons lu, ils avaient étudié.*

95. Il y a aussi les temps *primitifs* et les temps *dérivés*. Les temps primitifs sont ceux qui servent à former les autres temps. Les temps dérivés sont ceux qui se forment des temps primitifs.

26ᵉ LEÇON.

96. Il y a dans les verbes *cinq modes*, qui expriment les différentes inflexions que prend le verbe pour l'énonciation de nos pensées : 1° L'*infinitif*, qui exprime l'action ou l'état du sujet d'une manière vague ; ce mode est le seul qui n'ait pas de personnes. 2° L'*indicatif*, qui affirme que la chose *est*, qu'elle *a été* ou qu'elle *sera*. 3° Le *conditionnel*, qui exprime qu'une chose *serait* ou *aurait été* moyennant une condition. 4° L'*impératif*, qui exprime une *prière*, un *commandement*. 5° Le *subjonctif*, qui exprime un *doute*, un *souhait*, une *crainte*.

97. Écrire ou réciter de suite les différents temps des verbes avec leurs nombres et leurs personnes, cela s'appelle conjuguer.

98. Il y a quatre conjugaisons différentes, que l'on distingue par la terminaison du présent de l'infinitif.

Les verbes qui appartiennent à la première conjugaison ont le présent de l'infinitif terminé par ER, comme *chant*ER, *parl*ER, *sonn*ER.

Les verbes de la seconde conjugaison ont le présent

de l'infinitif terminé par IR, comme *fin*IR, *ven*IR, *cour*IR.

Les verbes de la troisième conjugaison ont le présent de l'infinitif terminé par OIR, comme *devoir*, *pouvoir*.

Les verbes de la quatrième conjugaison ont le présent de l'infinitif terminé par RE, comme *rend*RE, *cui*RE, *boi*RE, *joind*RE (1).

CONJUGAISON DES VERBES *ÊTRE* ET *AVOIR*.

INFINITIF. (*Premier mode.*)

PRÉSENT.

Être *aimable*.   Avoir *soif*.

PASSÉ.

Avoir été *aimable*.   Avoir eu *soif*.

PARTICIPE PRÉSENT.

Étant *aimable*.   Ayant *soif*.

PARTICIPE PASSÉ.

Été (invariable).   Eu (variable).

INDICATIF (ou *affirmatif.—Deuxième mode*).

PRÉSENT.

Je sui s	} affable.	J'ai	} faim.
Tu e s		Tu a s	
Il es t		Il a	
Elle es t	affable.	Elle a	faim.
Nous somme s	} affables.	Nous av ons	} faim.
Vous ête s		Vous av ez	
Ils son t		Ils o nt	
Elles son t	affables.	Elles o nt	faim.

IMPARFAIT (*ou passé simultané*).

J'ét ais	} absent.	J'av ais	} soif.
Tu ét ais		Tu av ais	
Il ét ait		Il av ait	
Elle ét ait	absente	Elle av ait	soif.
Nous ét ions	} absents.	Nous av ions	} soif.
Vous ét iez		Vous av iez	
Ils ét aient		Ils av aient	
Elles ét aient	absentes.	Elles av aient	soif.

---

(1) Pour faire retenir aux enfants d'une manière facile et sûre l'ordre des conjugaisons, il faut leur apprendre que cet ordre a été réglé alphabétiquement d'après les quatre terminaisons *er, ir, oir, re.*

PASSÉ DÉFINI.

Je fu s		J'eu s	
Tu fu s	} honteux.	Tu eu s	} raison.
Il fu t		Il eu t	
Elle fu t	honteuse.	Elle eu t	raison.
Nous fû mes		Nous eû mes	
Vous fû tes	} honteux.	Vous eû tes	} raison.
Ils fu rent		Ils eu rent	
Elles fu rent	honteuses.	Elles eu rent	raison.

PASSÉ INDÉFINI.

J'ai		J'ai	
Tu as	} été rusé.	Tu as	} eu peur.
Il a		Il a	
Elle a	été rusée.	Elle a	
Nous av ons		Nous av ons	
Vous av ez	} été rusés.	Vous av ez	} eu peur.
Ils ont		Ils ont	
Elles ont	été rusées.	Elles ont	

PASSÉ ANTÉRIEUR.

J'eu s		J'eu s	
Tu eu s	} été actif.	Tu eu s	} eu droit.
Il eu t		Il eu t	
Elle eu t	été active.	Elle eu t	
Nous eû mes		Nous eû mes	
Vous eû tes	} été actifs.	Vous eû tes	} eu droit.
Ils eu rent		Ils eu rent	
Elles eu rent	été actives.	Elles eu rent	

PLUS-QUE-PARFAIT.

J'av ais		J'av ais	
Tu av ais	} été averti.	Tu av ais	} eu tort.
Il av ait		Il av ait	
Elle av ait	été avertie.	Elle av ait	
Nous av ions		Nous av ions	
Vous av iez	} été avertis.	Vous av iez	} eu tort.
Ils av aient		Ils av aient	
Elles av aient	été averties.	Elles av aient	

FUTUR SIMPLE.

Je se rai		J'au rai	
Tu se ras	} épris.	Tu au ras	} satisfaction.
Il se ra		Il au ra	
Elle se ra	éprise,	Elle au ra	
Nous se rons		Nous au rons	
Vous se rez	} épris.	Vous au rez	} satisfaction.
Ils se ront		Ils au ront	
Elles se ront	éprises.	Elles au ront	

FUTUR PASSÉ (*antérieur*).

J'aurai	}	J'aurai	}
Tu auras	} été égal.	Tu auras	}
Il aura	}	Il aura	} eu horreur.
Elle aura	} été égale.	Elle aura	}
Nous aurons	}	Nous aurons	}
Vous aurez	} été égaux.	Vous aurez	}
Ils auront	}	Ils auront	} eu horreur.
Elles auront	été égales.	Elles auront	}

CONDITIONNEL (ou *suppositif. — Troisième mode*).

PRÉSENT OU FUTUR.

Je se rais	}	J'au rais	}
Tu se rais	} éternel.	Tu au rais	}
Il se rait	}	Il au rait	} confiance.
Elle se rait	éternelle.	Elle au rait	}
Nous se rions	}	Nous au rions	}
Vous se riez	} éternels.	Vous au riez	}
Ils se raient	}	Ils au raient	} confiance.
Elles se raient	éternelles.	Elles au raient	}

PASSÉ.

J'aurais	}	J'aurais	}
Tu aurais	} été ingrat.	Tu aurais	}
Il aurait	}	Il aurait	} eu espérance.
Elle aurait	été ingrate.	Elle aurait	}
Nous aurions	}	Nous aurions	}
Vous auriez	} été ingrats.	Vous auriez	}
Ils auraient	}	Ils auraient	} eu espérance.
Elles auraient	été ingrates.	Elles auraient	}

On dit aussi (passé antérieur):

J'eusse	}	J'eusse	}
Tu eusses	} été *tuteur*.	Tu eusses	}
Il eût	}	Il eût	} eu croyance.
Elle eût	été *tutrice*.	Elle eût	}
Nous eussions	}	Nous eussions	}
Vous eussiez	} été *tuteurs*.	Vous eussiez	}
Ils eussent	}	Ils eussent	} eu croyance.
Elles eussent	été *tutrices*.	Elles eussent	}

IMPÉRATIF. (*Quatrième mode.*)

Soi s	}	Aie.	}
Qu'il soi t	} prompt.	Qu'il ait	} pitié.
Qu'elle soi t	prompte.	Qu'elle ait	}
Soy ons	}	Ay ons	}
Soy ez	} prompts.	Ay ez	}
Qu'ils so ent	}	Qu'ils ai ent	} pitié.
Qu'elles so ent	promptes.	Qu'elles aient	}

SUBJONCTIF. (*Cinquième mode.*)

PRÉSENT *ou* FUTUR.

Il faut, il faudra

Que je soi s		Que j'ai e	
Que tu soi s	aperçu.	Que tu ai es	
Qu'il soi t		Qu'il ai t	ordre.
Qu'elle soi t	aperçue.	Qu'elle ai t	
Que nous so yons		Que nous ay ons	
Que vous so yez	aperçus.	Que vous ay ez	
Qu'ils soi ent		Qu'ils ai ent	ordre.
Qu'elles soi ent	aperçues.	Qu'elles ai ent	

IMPARFAIT (ou *incertain*).

Il fallait, il fallut, il a fallu, il faudrait, etc.,

Que je f usse		Que j'eusse	
Que tu f usses	chanteur.	Que tu eusses	
Qu'il f ût		Qu'il eût	compassion.
Qu'elle f ût	chanteuse.	Qu'elle eût	
Que n. f ussions		Que n. eussions	
Que v. f ussiez	chanteurs.	Que vous eussiez	
Qu'ils f ussent		Qu'ils eussent	compassion.
Qu'elles f ussent	chanteuses.	Qu'elles eussent	

PASSÉ (ou *prétérit*).

Il faut

Que j'aie		Que j'aie	
Que tu aies	été muet.	Que tu aies	
Qu'il ait		Qu'il ait	eu opinion.
Qu'elle ait	été muette.	Qu'elle ait	
Que nous ayons		Que nous ayons	
Que vous ayez	été muets.	Que vous ayez	
Qu'ils aient		Qu'ils aient	eu opinion.
Qu'elles aient	été muettes.	Qu'elles aient	

PLUS-QUE-PARFAIT (ou *passé antérieur*).

Que j'eusse		Que j'eusse	
Que tu eusses	été discret.	Que tu eusses	
Qu'il eût		Qu'il eût	eu idée.
Qu'elle eût	été discrète.	Qu'elle eût	
Que n. eussions		Que n. eussions	
Que v. eussiez	été discrets.	Que v. eussiez	
Qu'ils eussent		Qu'ils eussent	eu idée.
Qu'elles eussent	été discrètes.	Qu'elles eussent	

Conjuguez de même avec ÊTRE : estimable, indomptable, intraitable, infaillible, inutile, indocile, aimé, recherché, justifié, contraint, chéri, directeur, emballeur, habile, ingénieux, constant, prudent, craintif, naïf, etc.

TABLEAU-MODÈLE DES QUATRE CONJUGAISONS.

INFINITIF. (*Premier mode.*)

PRÉSENT.

FORMATION DES TEMPS.				
Nº 1. Temps simple et primitif.	Chant *er*.	Fin *ir*.	Recev *oir*.	Rend *re*.

PASSÉ.

2. Temps composé du présent de l'infinitif du verbe *avoir* et du participe passé du verbe que l'on conjugue.	Avoir chant *é*.	Avoir fin *i*.	Avoir reç *u*.	Avoir rend *u*.

PARTICIPE PRÉSENT (ou *relatif*).

3. Temps simple et primitif.	Chant *ant*.	Finiss *ant*.	Recev *ant*.	Rend *ant*.

PARTICIPE PASSÉ (ou *actif*).

4. Temps simple et primitif.	Chant *é*, chant *ée*. Ayant chant *é*.	Fin *i*, fin *ie*. Ayant fin *i*.	Reç *u*, reç *ue*. Ayant reç *u*.	Rend *u*, rend *ue*. Ayant rend *u*.

INDICATIF (ou *affirmatif*. — *Deuxième mode*).

PRÉSENT.

5. Temps simple et primitif au singulier, dérivé au pluriel, parce qu'il est formé du participe présent par le changement de ANT en ons, ez, ent.	Je chant *e*. Tu chant *es*. Il chant *e*. Elle chant *e*. Nous chant *ons*. Vous chant *ez*. Ils chant *ent*. Elles chant *ent*.	Je fini *s*. Tu fini *s*. Il fini *t*. Elle fini *t*. Nous finiss *ons*. Vous finiss *ez*. Ils finiss *ent*. Elles finiss *ent*.	Je reçoi *s*. Tu reçoi *s*. Il reçoi *t*. Elle reçoi *t*. Nous recev *ons*. Vous recev *ez*. Ils reçoiv *ent*. Elles reçoiv *ent*.	Je rend *s*. Tu rend *s*. Il rend. Elle rend. Nous rend *ons*. Vous rend *ez*. Ils rend *ent*. Elles rend *ent*.

IMPARFAIT (ou *passé simultané*).

6.

Temps simple, dérivé du participe présent par le changement de ANT en *ais, ais, ait, ions, iez, aient.*

Je chant	*ais.*	Je finiss	*ais.*	Je recev	*ais.*	Je rend	*ais.*
Tu chant	*ais.*	Tu finiss	*ais.*	Tu recev	*ais.*	Tu rend	*ais.*
Il chant	*ait.*	Il finiss	*ait.*	Il recev	*ait.*	Il rend	*ait.*
Elle chant	*ait.*	Elle finiss	*ait.*	Elle recev	*ait.*	Elle rend	*ait.*
Nous chant	*ions.*	Nous finiss	*ions.*	Nous recev	*ions.*	Nous rend	*ions.*
Vous chant	*iez.*	Vous finiss	*iez.*	Vous recev	*iez.*	Vous rend	*iez.*
Ils chant	*aient.*	Ils finiss	*aient.*	Ils recev	*aient.*	Ils rend	*aient.*
Elles chant	*aient.*	Elles finiss	*aient.*	Elles recev	*aient.*	Elles rend	*aient.*

PASSÉ DÉFINI.

7.

Temps simple primitif, en ce qu'il forme l'imparfait du subjonctif par le changement de AI en *asse*, pour les verbes de la première conjugaison, et par l'addition de *se* pour les autres conjugaisons.

Je chant	*ai.*	Je fin	*is.*	Je reç	*us.*	Je rend	*is.*
Tu chant	*as.*	Tu fin	*is.*	Tu reç	*us.*	Tu rend	*is.*
Il chant	*a.*	Il fin	*it.*	Il reç	*ut.*	Il rend	*it.*
Elle chant	*a.*	Elle fin	*it.*	Elle reç	*ut.*	Elle rend	*it.*
Nous chant	*âmes.*	Nous fin	*îmes.*	Nous reç	*ûmes.*	Nous rend	*îmes.*
Vous chant	*âtes.*	Vous fin	*îtes.*	Vous reç	*ûtes.*	Vous rend	*îtes.*
Ils chant	*èrent.*	Ils fin	*irent.*	Ils reç	*urent.*	Ils rend	*irent.*
Elles chant	*èrent.*	Elles fin	*irent.*	Elles reç	*urent.*	Elles rend	*irent.*

PASSÉ INDÉFINI.

8.

Temps composé du présent de l'indicatif du verbe *avoir* et du participe passé du verbe que l'on conjugue.

J'ai		Je'ai		J'ai		J'ai	
Tu as		Tu as		Tu as		Tu as	
Il a		Il a		Il a		Il a	
Elle a	chant *é.*	Elle a	fin *i.*	Elle a	reç *u.*	Elle a	rend *u.*
Nous avons		Nous avons		Nous avons		Nous avons	
Vous avez		Vous avez		Vous avez		Vous avez	
Ils ont		Ils ont		Ils ont		Ils ont	
Elles ont		Elles ont		Elles ont		Elles ont	

9.

Temps composé du passé défini du verbe *avoir* et du participe passé du verbe que l'on conjugue.

| J'eus / Tu eus / Il eut / Elle eut / Nous eûmes / Vous eûtes / Ils eurent / Elles eurent } chant *é.* | J'eus / Tu eus / Il eut / Elle eut / Nous eûmes / Vous eûtes / Ils eurent / Elles eurent } fin *i.* | J'eus / Tu eus / Il eut / Elle eut / Nous eûmes / Vous eûtes / Ils eurent / Elles eurent } reç *u.* | J'eus / Tu eus / Il eut / Elle eut / Nous eûmes / Vous eûtes / Ils eurent / Elles eurent } rend *u.* |

PLUS-QUE-PARFAIT.

10.

Temps composé de l'imparfait de l'indicatif du verbe *avoir* et du participe passé du verbe que l'on conjugue.

| J'avais / Tu avais / Il avait / Elle avait / Nous avions / Vous aviez / Ils avaient / Elles avaient } chant *é.* | J'avais / Tu avais / Il avait / Elle avait / Nous avions / Vous aviez / Ils avaient / Elles avaient } fin *i.* | J'avais / Tu avais / Il avait / Elle avait / Nous avions / Vous aviez / Ils avaient / Elles avaient } reç *u.* | J'avais / Tu avais / Il avait / Elle avait / Nous avions / Vous aviez / Ils avaient / Elles avaient } rend *u.* |

FUTUR SIMPLE.

11.

Temps simple et dérivé, parce qu'il est formé du présent de l'infinitif par l'addition de AI pour les deux premières conjugaisons, et par le changement de *oir* ou *re* en *rai* pour les deux autres.

| Je chant e *rai.* / Tu chant e *ras.* / Il chant e *ra.* / Elle chant e *ra.* / Nous chant e *rons.* / Vous chant e *rez.* / Ils chant e *ront.* / Elles chant e *ront.* | Je fini *rai.* / Tu fini *ras.* / Il fini *ra.* / Elle fini *ra.* / Nous fini *rons.* / Vous fini *rez.* / Ils fini *ront.* / Elles fini *ront.* | Je recev *rai.* / Tu recev *ras.* / Il recev *ra.* / Elle recev *ra.* / Nous recev *rons.* / Vous recev *rez.* / Ils recev *ront.* / Elles recev *ront :* | Je rend *rai.* / Tu rend *ras.* / Il rend *ra.* / Elle rend *ra.* / Nous rend *rons.* / Vous rend *rez.* / Ils rend *ront.* / Elles rend *ront.* |

FUTUR PASSÉ (ou *antérieur*).

12.

Temps composé du futur simple du verbe *avoir* et du participe passé du verbe que l'on conjugue.

| J'aurai
Tu auras
Il aura
Elle aura
Nous aurons
Vous aurez
Ils auront
Elles auront } chant *é*. | J'aurai
Tu auras
Il aura
Elle aura
Nous aurons
Vous aurez
Ils auront
Elles auront } fin *i*. | J'aurai
Tu auras
Il aura
Elle aura
Nous aurons
Vous aurez
Ils auront
Elles auront } reç *u*. | J'aurai
Tu auras
Il aura
Elle aura
Nous aurons
Vous aurez
Ils auront
Elles auront } rend *u*. |

CONDITIONNEL (ou *suppositif. — Troisième mode*).

PRÉSENT.

13.

Temps simple, dérivé du présent de l'infinitif par l'addition des finales *ais*, pour les deux premières conjugaisons, et par le changement de *ois* ou *re* en *rais* pour les deux autres.

| Je chant *e rais.*
Tu chant *e rais.*
Il chant *e rait.*
Elle chant *e rait.*
Nous chant *e rions.*
Vous chant *e riez.*
Ils chant *e raient.*
Elles chant *e raient.* | Je fini *rais.*
Tu fini *rais.*
Il fini *rait.*
Elle fini *rait.*
Nous fini *rions.*
Vous fini *riez.*
Ils fini *raient.*
Elles fini *raient.* | Je recev *rais.*
Tu recev *rais.*
Il recev *rait.*
Elle recev *rait.*
Nous recev *rions.*
Vous recev *riez.*
Ils recev *raient.*
Elles recev *raient.* | Je rend *rais.*
Tu rend *rais.*
Il rend *rait.*
Elle rend *rait.*
Nous rend *rions.*
Vous rend *riez.*
Ils rend *raient.*
Elles rend *raient.* |

PASSÉ.

14.

Temps composé du conditionnel présent du verbe *avoir* et du participe passé du verbe que l'on conjugue.

| J'aurais
Tu aurais
Il aurait
Elle aurait
Nous aurions
Vous auriez
Ils auraient
Elles auraient } chant *é*. | J'aurais
Tu aurais
Il aurait
Elle aurait
Nous aurions
Vous auriez
Ils auraient
Elles auraient } fin *i*. | J'aurais
Tu aurais
Il aurait
Elle aurait
Nous aurions
Vous auriez
Ils auraient | J'aurais
Tu aurais
Il aurait
Elle aurait
Nous aurions
Vous auriez
Ils auraient } rend *u*. |

ON DIT AUSSI au *passé antérieur*) :

15.

Temps composé de l'imparfait du subjonctif du verbe *avoir* et du participe passé du verbe que l'on conjugue.

J'eusse		J'eusse		J'eusse		J'eusse	
Tu eusses		Tu eusses		Tu eusses		Tu eusses	
Il eût		Il eût		Il eût		Il eût	
Elle eût	chant *é.*	Elle eût	fin *i.*	Elle eût	reç *u.*	Elle eût	rend *u.*
Nous eussions		Nous eussions		Nous eussions		Nous eussions	
Vous eussiez		Vous eussiez		Vous eussiez		Vous eussiez	
Ils eussent		Ils eussent		Ils eussent		Ils eussent	
Elles eussent		Elles eussent		Elles eussent		Elles eussent	

IMPÉRATIF. (*Quatrième mode.*)

16.

Temps simple, dérivé du présent de l'indicatif (*Voyez* ce temps) en ôtant les pronoms *tu, nous, vous.*

Chant	*e.*	Fini	*s.*	Reçoi	*s.*	Rénd	*s.*
Qu'il chant	*e.*	Qu'il finiss	*e.*	Qu'il reçoiv	*e.*	Qu'il rend	*e.*
Qu'elle chant	*e.*	Qu'elle finiss	*e.*	Qu'elle reçoiv	*e.*	Qu'elle rend	*e.*
Chant	*ons.*	Finiss	*ons.*	Recev	*ons.*	Rend	*ons.*
Chant	*ez.*	Finiss	*ez.*	Recev	*ez.*	Rend	*ez.*
Qu'ils chant	*ent.*	Qu'ils finiss	*ent.*	Qu'ils reçoiv	*ent.*	Qu'ils rend	*ent.*
Qu'elles chant	*ent.*	Qu'elles finiss	*ent.*	Qu'elles reçoiv	*ent.*	Qu'elles rend	*ent.*

SUBJONCTIF. (*Cinquième mode.*)

PRÉSENT *ou* FUTUR. — Il faut, il faudra

17.

Temps simple, dérivé du participe présent par le changement de ANT en *e, es, e, ions, iez, ent.*

Que je chant	*e.*	Que je finiss	*e.*	Que je reçoiv	*e*	Que je rend	*e.*
Que tu chant	*es.*	Que tu finiss	*es.*	Que tu reçoiv	*es.*	Que tu rend	*es.*
Qu'il chant	*e.*	Qu'il finiss	*e.*	Qu'il reçoiv	*e.*	Qu'il rend	*e.*
Qu'elle chant	*e.*	Qu'elle finiss	*e.*	Qu'elle reçoiv	*e.*	Qu'elle rend	*e.*
Que nous chant	*ions.*	Que nous finiss	*ions.*	Que nous recev	*ions.*	Que nous rend	*ions.*
Que vous chant	*iez.*	Que vous finiss	*iez.*	Que vous recev	*iez.*	Que vous rend	*iez.*
Qu'ils chant	*ent.*	Qu'ils finiss	*ent.*	Qu'ils reçoiv	*ent.*	Qu'ils rend	*ent.*
Qu'elles chant	*ent.*	Qu'elles finiss	*ent.*	Qu'elles reçoiv	*ent.*	Qu'elles rend	*ent.*

IMPARFAIT (ou *incertain*). — Il fallait, il fallut, il a fallu, il faudrait, etc.,

18.

Temps simple dérivé du passé défini. (*Voy.* ce temps.)

Que je chant	asse.	Que je fin	isse.	Que je reç	usse.	Que je rend	isse.
Que tu chant	asses.	Que tu fin	isses.	Que tu reç	usses.	Que tu rend	isses.
Qu'il chant	ât.	Qu'il fin	ît.	Qu'il reç	ût.	Qu'il rend	ît.
Qu'elle chant	ât.	Qu'elle fin	ît.	Qu'elle reç	ût.	Qu'elle rend	ît.
Que nous chant	assions.	Que nous fin	issions.	Que nous reç	ussions.	Que nous rend	issions.
Que vous chant	assiez.	Que vous fin	issiez.	Que vous reç	ussiez.	Que vous rend	issiez.
Qu'ils chant	assent	Qu'ils fin	issent.	Qu'ils reç	ussent.	Qu'ils rend	issent.
Qu'elles chant	assent.	Qu'elles fin	issent.	Qu'elles reç	ussent.	Qu'elles rend	issent.

PASSÉ (ou *prétérit*). — Il faut.

19.

Temps composé du présent du subjonctif du verbe *avoir* et du participe passé du verbe que l'on conjugue

Que j'aie	Que j'aie	Que j'aie	Que j'aie
Que tu aies	Que tu aies	Que tu aies	Que tu aies
Qu'il ait	Qu'il ait	Qu'il ait	Qu'il ait
Qu'elle ait	Qu'elle ait	Qu'elle ait	Qu'elle ait
Que nous ayons	Que nous ayons	Que nous ayons	Que nous ayons
Que vous ayez	Que vous ayez	Que vous ayez	Que vous ayez
Qu'ils aient	Qu'ils aient	Qu'ils aient	Qu'ils aient
Qu'elles aient	Qu'elles aient	Qu'elles aient	Qu'elles aient
} chanté.	} fin i.	} reç u.	} rend u.

PLUS-QUE-PARFAIT (ou *passé antérieur*). — Il aurait fallu

20.

Temps composé de l'imparfait du subjonctif du verbe *avoir* et du participe passé du verbe que l'on conjugue.

Que j'eusse	Que j'eusse	Que j'eusse	Que j'eusse
Que tu eusses	Que tu eusses	Que tu eusses	Que tu eusses
Qu'il eût	Qu'il eût	Qu'il eût	Qu'il eût
Qu'elle eût	Qu'elle eût	Qu'elle eût	Qu'elle eût
Que n. eussions	Que n. eussions	Que n. eussions	Que n. eussions
Que v. eussiez	Que v. eussiez	Que v. eussiez	Que v. eussiez
Qu'ils eussent	Qu'ils eussent	Qu'ils eussent	Qu'ils eussent
Qu'elles eussent	Qu'elles eussent	Qu'elles eussent	Qu'elles eussent
} chanté.	} fin i.	} reç u.	} rend u.

99. On appelle verbes *irréguliers*, les verbes qui ne suivent pas toujours la règle générale des conjugaisons, et verbes *défectifs*, ceux auxquels l'usage a refusé certains temps ou certaines personnes.

TABLEAU
Des temps primitifs des verbes irréguliers.

PRÉSENT de L'INFINITIF.	PARTICIPE PRÉSENT.	PARTICIPE PASSÉ.	PRÉSENT de L'INDICATIF.	PASSÉ DÉFINI.
Aller.	Allant.	Allé.	Je vais (1).	J'allai.
Envoyer.	Envoyant.	Envoyé.	J'envoie.	J'envoyai.
Acquérir.	Acquérant.	Acquis.	J'acquiers.	J'acquis.
Courir.	Courant.	Couru.	Je cours.	Je courus.
Cueillir.	Cueillant.	Cueilli.	Je cueille.	Je cueillis.
Mourir.	Mourant.	Mort.	Je meurs.	Je mourus.
Revêtir.	Revêtant.	Revêtu.	Je revêts.	Je revêtis.
Tressaillir.	Tressaillant.	Tressailli.	Je tressaille.	Je tressaillis.
Vêtir.	Vêtant.	Vêtu.	Je vêts.	Je vêtis.
Venir.	Venant.	Venu.	Je viens.	Je vins.
Convenir.	Convenant.	Convenu.	Je conviens.	Je convins.
Déchoir.	(2)	Déchu.	Je déchois.	Je déchus.
Échoir.	Échéant.	Échu.	Il échoit.	J'échus.
Falloir.		Fallu.	Il faut.	Il fallut.
Mouvoir.	Mouvant.	Mû.	Je meus.	Je mus.
Pleuvoir.	Pleuvant.	Plu.	Il pleut.	Il plut.
Pourvoir.	Pourvoyant.	Pourvu.	Je pourvois.	Je pourvus.
S'asseoir.	S'asseyant.	Assis.	Je m'assieds.	Je m'assis.
Savoir.	Sachant.	Su.	Je sais.	Je sus.
Surseoir.	Sursoyant.	Sursis.	Je sursois.	Je sursis.
Valoir.	Valant.	Valu.	Je vaux.	Je valus.
Voir.	Voyant.	Vu.	Je vois.	Je vis.
Pouvoir.	Pouvant.	Pu.	Je peux ou Je puis (3).	Je pus.

(1) Tu vas, il va, nous allons, vous allez, ils vont. Tout impératif qui ne finit pas par un *s*, en prend un quand il est suivi du mot *y* ou *en*, à moins que *en* ne soit préposition. Écrivez : *vas-y* ; de la leçon, *récites-en* la moitié. Mais dites : *va en Italie* ; *récite en* présence de monsieur.

(2) Lorsqu'un temps primitif manque, les temps qui en sont dérivés manquent généralement aussi. Il n'y a guère d'exception que pour le verbe *falloir*, qui n'a point de participe présent, et qui pourtant a l'imparfait, *il fallait*, et le présent du subjonctif, *qu'il faille*.

(3) Ce verbe n'a point d'impératif.

PRÉSENT de L'INFINITIF.	PARTICIPE PRÉSENT.	PARTICIPE PASSÉ.	PRÉSENT de L'INDICATIF.	PASSÉ DÉFINI.
Absoudre.	Absolvant.	Absous.	J'absous.	
Résoudre.	Résolvant.	Résous. Résolu.	Je résous.	Je résolus.
Battre.	Battant.	Battu.	Je bats.	Je battis.
Boire.	Buvant.	Bu.	Je bois.	Je bus.
Braire.			Il brait.	
Bruire.	Bruyant.			
Circoncire.		Circoncis.	Je circoncis.	Je circoncis.
Clore.		Clos.	Je clos.	
Conclure.	Concluant.	Conclu.	Je conclus.	Je conclus.
Confire.		Confit.	Je confis.	Je confis.
Coudre.	Cousant.	Cousu.	Je couds.	Je cousis.
Croire.	Croyant.	Cru.	Je crois.	Je crus.
Dire.	Disant.	Dit.	Je dis (1).	Je dis.
Faire.	Fesant.	Fait.	Je fais (2).	Je fis.
Luire.	Luisant.	Lui.	Je luis.	
Mettre.	Mettant.	Mis.	Je mets.	Je mis.
Moudre.	Moulant.	Moulu.	Je mouds.	Je moulus.
Naître (3).	Naissant.	Né.	Je nais.	Je naquis.
Rire.	Riant.	Ri.	Je ris.	Je ris.
Rompre.	Rompant.	Rompu.	Je romps.	Je rompis.
Traire.	Trayant.	Trait.	Je trais.	(4).
Vaincre.	Vainquant.	Vaincu.	Je vaincs.	Je vainquis
Vivre.	Vivant.	Vécu.	Je vis.	Je vécus.

(1) Tu dis, il dit, nous disons, vous *dites*, ils disent. On conjugue de même *redire*; mais les autres composés de *dire*, comme *dédire*, se conjuguent régulièrement: vous *dédisez*, vous *contredisez*. Le verbe *maudire* fait : vous *maudissez*.

(2) Tu fais, il fait, nous fesons, vous *faites*, ils font. *Satisfaire* et *contrefaire* se conjuguent de même : Vous *satisfaites*, vous *contrefaites*.

(3) Tous les verbes terminés par *aître* comme *naître*, *paraître*, conservent l'accent circonflexe sur l'*i* quand cette lettre est suivie d'un *t* : je *paraîtrai*, nous *naîtrons*; mais il perd cet accent si l'*i* n'est pas suivi d'un *t* : *paraissez*, *naissant*.

(4) Les verbes *distraire*, *extraire*, *soustraire*, etc., n'ont pas de passé défini.

27ᵉ LEÇON.

DU RÉGIME OU COMPLÉMENT.

100. Il y a deux sortes de régimes ou compléments : le *régime* ou *complément direct* et le *régime* ou *complément indirect*.

101. Le complément direct est l'être qui reçoit directement l'action faite par le sujet et exprimée par le verbe ; il répond à la question *qui?* ou *quoi?* Ex. :

Ernest frappe *Jules*.

Ernest fait l'action de *frapper*, et cette action retombe sur *Jules*, qui la reçoit directement ; donc *Jules* est le complément direct de *frapper*. Ernest frappe *qui?* JULES.

Alexandre chérissait *Éphestion*.

Alexandre faisait l'action de *chérir*, et cette action était transmise à *Ephestion*, qui la recevait directement ; *Ephestion* est le complément direct de *chérir*.

Alexandre chérissait *qui?* EPHESTION.

Nous cultivons *la vigne*. *Nous* fait l'action de *cultiver*, et cette action est transmise à la *vigne* ; donc *vigne* est le complément direct. Nous cultivons *quoi?* LA VIGNE.

102. Le complément indirect est toujours séparé du verbe par l'une des prépositions *de, à, dans, chez, sur, vers, pour, contre*, etc. Ex. : Il obéit *à* la volonté du Seigneur. Il marche *vers* la ville. Il part *pour* l'Italie. Il vient *de* Paris. Il écrit *à* son ami.

Le complément indirect répond à l'une des questions *à qui? à quoi? de qui? de quoi? dans qui? dans quoi?* etc. Il marche *vers quoi? vers* la ville, complément indirect. Il écrit *à qui? à* son ami, complément indirect.

28ᵉ LEÇON.

DES DIFFÉRENTES SORTES DE VERBES.

103. Nous n'avons que deux sortes de verbes, le verbe *d'*ÉTAT et le verbe *d'*ACTION.

104. Le verbe d'état marque la situation, l'état dans lequel est le sujet ; c'est le verbe *être*, auquel ou ajoute un adjectif, comme : *je suis inquiet, je serai content;* ou un participe passé, comme : *je fus admiré, je suis chéri, elles étaient satisfaites.*

Sans un Dieu tout EST MORT, le monde EST ARRÊTÉ.

105. Le verbe d'action exprime ce que fait le sujet, comme *je marche, tu lis, nous dormons, vous chérissez.*

Aimes-tu le repos? *travaille* en ta jeunesse.
De ton loisir futur *jette* les fondements.
Ce laurier respectable *ombrage* la vieillesse
Quand on l'a *cultivé* dès les premiers moments.

29ᵉ LEÇON.

106. Les verbes d'action se divisent en verbes *transitifs* ou *actifs* et en verbes *intransitifs* ou *neutres.*

107. Les verbes *transitifs* sont ceux qui ont un complément direct, et après lesquels on peut mettre immédiatement *quelqu'un* ou *quelque chose;* LIRE est un verbe *transitif,* parce qu'on peut dire *lire quelque chose :* je lis *une lettre;* MANGER est un verbe *transitif,* parce qu'on peut dire *manger quelque chose : manger un fruit;* PUNIR est un verbe *transitif,* parce qu'on peut dire *punir quelqu'un :* je punis *les élèves* paresseux. Le verbe transitif est communément appelé verbe *actif.* Les verbes transitifs, indépendamment de leur complément direct, peuvent aussi avoir un complément indirect. Ex.: La religion est le lien sacré qui attache *l'homme à Dieu et au prochain;* elle *lui* inspire toutes *les vertus.*

108. Les verbes *intransitifs* ou *neutres* sont ceux qui n'ont pas de complément direct, et après lesquels on ne peut pas mettre *quelqu'un* ni *quelque chose;* comme *aller, marcher, nager, courir, suffire, tomber.* Le verbe intransitif est communément appelé verbe *neutre.* L'exemple suivant renferme un verbe *transitif* et deux verbes *intransitifs.* Enfants, *chérissez* vos parents; *obéissez-*leur et n'*abusez* pas de leur tendresse.

Chérissez est un verbe transitif, parce qu'il a un complément direct. *Chérissez qui?* VOS PARENTS. *Obéissez* n'a qu'un complément indirect, LEUR, c'est-à-dire *à eux; abusez* n'a aussi qu'un complément indirect, DE LEUR TENDRESSE.

On voit que le verbe transitif prend son complément immédiatement ou sans l'intermédiaire d'une préposition, tandis que le verbe intransitif ne prend le sien que médiatement ou par l'intermédiaire d'une préposition.

30ᵉ LEÇON.

109. Un verbe, soit transitif, comme *croire*, soit intransitif, comme *douter*, peut être employé sans complément; dans ce cas, il est pris intransitivement. Ex. :

La honte est de *douter*, le bonheur est de *croire*.

Ici *croire* est employé intransitivement, parce qu'il n'a pas de complément direct.

110. Le même verbe peut être *transitif* ou *intransitif*, selon qu'il a ou qu'il n'a pas de complément direct.

Napoléon RECULA *les bornes* de la France.

Ici *recula* est transitif, parce qu'il a un complément direct, *les bornes*.

Nos troupes, voyant leur général tué, *reculèrent*.

Ici *reculèrent* est intransitif, parce qu'il n'a pas de complément direct.

31ᵉ LEÇON.

111. Si les verbes transitifs s'emploient quelquefois dans un sens intransitif, de même aussi plusieurs verbes intransitifs peuvent passer au sens transitif.

SENS TRANSITIF.	SENS INTRANSITIF.
On aborde *le vaisseau*.	On ne saurait aborder *de* ce lieu.
On adresse *la parole*.	On adresse *à un but*.
On parle *sa langue*.	On parle *à quelqu'un*.
On abuse *les gens*.	On abuse *de la confiance*.
L'eau baigne *les murs*.	Un corps baigne *dans l'eau*.

112. Tout verbe d'action transitif peut se rendre par la voix passive (1).

VERBES TRANSITIFS.	VERBES PASSIFS OU D'ÉTAT.
J'aime mes enfants.	Mes enfants *sont aimés* de moi.
Tu *avertissais* tes amis.	Tes amis *étaient avertis* par toi.
Mon père te *louait*.	Tu *étais loué* de mon père.
Le chat *mange* la souris.	La souris *est mangée* par le chat.

(1) Les verbes communément appelés verbes *passifs*, sont des verbes d'état. C'est un participe passé joint à l'auxiliaire *être*.

113. Les verbes intransitifs (ou neutres) ne peuvent pas se tourner par la voix passive. On dit bien :

> Loin de nous l'homme vil, sans talent, sans vertu,
> Qui *végète* et qui *meurt* avant d'avoir *vécu*.

On ne pourrait pas dire : *j'ai été végété, tu auras été mort, il aura été vécu.*

32e LEÇON.

114. On appelle verbe *réfléchi* ou *pronominal* celui dont le sujet et le régime direct ou indirect sont la même personne. Les verbes réfléchis sont ou réfléchis directs ou réfléchis indirects.

Je me conduis,	pour *je* conduis *moi.*
Tu te flattes,	—— *tu* flattes *toi.*
*Il s'*habille,	—— *il* habille *lui.*
Nous nous trompons,	—— *nous* trompons *nous.*
Vous vous blessez,	—— *vous* blessez *vous.*
Elles se contraignent,	—— *elles* contraignent *elles, soi.*

Voilà des verbes réfléchis directs et transitifs.

Je me suffis,	pour *je* suffis *à moi.*
Tu te plaisais,	—— *tu* plaisais *à toi.*
Ils se nuisaient,	—— *ils* nuisaient *à eux.*
Elle se riait de vous,	—— *elle* riait *en soi* de vous.
Les événements *se* succèdent,	—— succèdent *à eux.*

Voilà des verbes réfléchis indirects et intransitifs.

On voit que les verbes *réfléchis* sont des verbes d'action; ils sont transitifs ou intransitifs, selon qu'ils ont ou qu'ils n'ont point de complément direct.

115. Les verbes réfléchis, directs ou indirects, se conjuguent avec deux pronoms (1) de la même personne, comme : *je me, tu te, il se, nous nous, vous vous, elles se.* Le premier pronom est toujours sujet du verbe, et le second, complément direct ou indirect. Ces verbes prennent l'auxiliaire *être* aux temps composés. Ainsi ne

---

(1) Il faut que ces deux pronoms désignent le même *être*; car, dans *il le tue*, il y a deux pronoms de la même personne, et cependant le verbe n'est pas réfléchi.

dites pas : *je m'ai trompé, tu t'as mépris, il s'a blessé, nous nous avons abusés, vous vous avez flattés ;* dites : je me *suis* trompé, tu t'*es* mépris, il s'*est* blessé, nous nous *sommes* abusés, vous vous *êtes* flattés.

33ᵉ LEÇON.

116. On appelle communément verbes *impersonnels* ceux qui n'ont que la troisième personne du singulier dans chaque temps, et qui ont toujours pour sujet un pronom indéfini, comme : *il faut, il pleut, il grêle, il semble, il y a, il est arrivé, il serait arrivé,* etc.

Ces verbes, qu'il vaudrait mieux nommer *verbes de la troisième personne,* sont des verbes intransitifs.

117. Les verbes transitifs (actifs) se conjuguent avec *avoir : j'*AI LU *cette histoire ; nous* AURIONS ADMIRÉ *son courage.* Cependant les verbes transitifs dits réfléchis se conjuguent avec *être ; nous nous* ÉTIONS VUS; *elles se* SERONT ADMIRÉES.

118. Les verbes intransitifs (neutres) se conjuguent avec *avoir : j'ai dormi, tu as régné, nous avons couru.* Cependant quelques-uns de ces verbes se conjuguent avec *être ;* mais alors ils deviennent verbes d'état. Ces verbes sont : *aller, décéder, arriver, échoir, éclore, mourir, naître, venir, devenir, revenir, parvenir, tomber.* On trouve aussi ce dernier avec *avoir. Les poëtes disent que Vulcain* A TOMBÉ *du ciel pendant un jour entier.* (Académie.)

119. Il y a aussi des verbes intransitifs qui se conjuguent avec *avoir* lorsqu'ils expriment une *action,* et avec *être* lorsqu'ils expriment un *état.* Les principaux sont : *accoucher, accourir, accroître, apparaître, cesser, monter, descendre, convenir, croître, déchoir, dégénérer, échapper, embellir, expirer, entrer, grandir, partir, passer, rester, sortir, vieillir, rajeunir.*

QUESTIONS SUR LES VERBES.

Qu'est-ce que le verbe ? 86. — Comment le reconnaît-on ? 87. — Qu'est-ce que le sujet du verbe ? 88. — Comment le reconnaît-on ? 89. — Quels sont les mots qui servent de sujet au verbe ? 90. — Comment s'accorde le verbe ? 91. — Quelles personnes sont indiquées par *je, nous, tu, vous, il, elle* et tout substantif placé avant un verbe ? 92. — Combien y a-t-il de temps principaux? 93.—Qu'indique le présent?—Qu'indique le passé?—Qu'indique le futur?—Comment divise-t-on les temps des verbes? 94.—Qu'est-ce que le temps simple?—Qu'est-ce que le temps composé?—N'y a-t-il pas des temps primitifs et des temps dérivés? 95.— Qu'est-ce que le temps primitif?— Qu'est-ce que le dérivé? — Combien y a-t-il de modes dans les verbes? 96. — A quoi sert l'infinitif? — l'indicatif? — le conditionnel? — l'impératif? — le subjonctif? — Qu'est-ce que conjuguer un verbe? 97.— Combien y a-t-il de conjugaisons? 98. — Qu'appelle-t-on verbe irrégulier? 99.— Combien y a-t-il de sortes de régimes ou compléments? 100. — Qu'est-ce que le complément direct? 101. — Qu'est-ce que le régime ou complément indirect? 102. — Combien y a-t-il de sortes de verbes? 103. — Qu'est-ce que le verbe d'état? 104. — Qu'est-ce que le verbe d'action? 105. — Comment divise-t-on les verbes d'action? 106. — Qu'est-ce que le verbe transitif? 107. — Qu'est-ce que le verbe intransitif? 108. — Un verbe peut-il être employé sans complément? 109. — Le même verbe ne peut-il pas être transitif ou intransitif? 110. — Certains verbes intransitifs ne peuvent-ils pas passer au sens transitif? 111. — Tout verbe transitif ne peut-il pas se rendre par la voix passive? 112. — Le verbe intransitif peut-il aussi se tourner par la voix passive? 113.

Qu'appelle-t-on verbe réfléchi? 114.— Quand le verbe réfléchi est-il direct?—Quand est-il indirect?— Comment se conjuguent ces verbes? 115. — Qu'appelle-t-on verbes impersonnels? 116. — Comment se conjuguent les verbes transitifs (actifs)? 117.—Comment se conjuguent les verbes intransitifs (neutres)? 118.—N'y a-t-il pas de ces verbes qui se conjuguent tantôt avec *être* et tantôt avec *avoir*? 119?

34e LEÇON.

120. Quelles remarques avez-vous à faire sur les trois personnes du singulier du présent de l'indicatif des verbes? (*Voyez* les finales du tableau-modèle.)

La première personne du singulier, pour les verbes de la première conjugaison, se termine par un *e* muet: je renou *e*.

La seconde, par *es :* tu renou *es*.

La troisième, comme le première, par un *e* muet : il renou *e*.

Pour les trois autres conjugaisons en *ir, oir* et en *re*, la première personne du singulier finit par *s :* je fini *s*, je voi *s*, je met *s*; la seconde personne finit aussi par *s :* tu fini *s*, tu voi *s*, tu met *s*; la troisième personne finit généralement par un *t :* il fini *t*, il voi *t*, il me *t*.

121. PREMIÈRE REMARQUE. Certains verbes de la se-

conde conjugaison, comme *offrir, cueillir, ouvrir, souffrir*, ont la même finale au présent de l'indicatif que les verbes de la première conjugaison : je cueill *e*, tu offr *es*, il ou elle ouvr *e*.

122. 2ᵉ. Dans les verbes qui finissent par DRE à l'infinitif, comme *vendre*, la troisième personne du singulier du présent de l'indicatif finit par D : il ven*d*, elle ren*d*, il confon*d*; à l'exception des verbes terminés en *gnant* et en *vant*, au participe présent, comme *craignant, résolvant*, qui perdent leur D pour prendre un T : elle crain*t*, il résou*t*. Le verbe *vaincre* finit par C : il vainc.

123. 3ᵉ. Les verbes *vouloir, valoir* et *pouvoir*, se terminent aux deux premières personnes du singulier par X : je veu*x*, je peu*x*, je vau*x*, et à la troisième personne par T : il veu*t*, elle peu*t*.

124. Quelles remarques avez-vous à faire sur la terminaison du pluriel du présent de l'indicatif? (*Voyez* le tableau-modèle.)

La terminaison des trois personnes plurielles du présent de l'indicatif est la même pour les quatre conjugaisons.

La première personne finit par ONS : nous chant*ons*.

La seconde personne finit par EZ : vous chant *ez*.

Là troisième personne finit par ENT : ils ou elles ri*ent*.

125. PREMIÈRE REMARQUE. Les verbes *faire* et *dire* font exception; on dit : vous *faites*, vous *dites*, et non : vous *faisez*, vous *disez*.

2ᵉ. Les verbes *aller, faire, avoir* et *être*, font à la troisième personne plurielle : ils *vont*, elles *font*, ils *ont*, elles *sont*.

126. Quelles remarques avez-vous à faire sur l'imparfait? (*Voyez* le tableau-modèle.)

Tous les verbes des quatre conjugaisons se terminent à l'imparfait par *ais, ais, ait*, pour le singulier; *ions, iez, aient*, pour le pluriel.

127. Ceux qui ont un *i* ou un *y* au participe présent, se terminent aux deux premières personnes plurielles de l'imparfait par *iions, iiez, yions, yiez*, comme : nous *priions*, vous *priiez*, nous *payions*, vous *nettoyiez*.

128. Quelles remarques avez-vous à faire sur le passé défini ?

Le passé défini a quatre terminaisons différentes ; il se termine par *ai, as, a, âmes, âtes, èrent*, pour les verbes de la première conjugaison ; et pour les autres conjugaisons, il se termine à la première personne du singulier par *is, us, ins*. (*Voyez* le tableau-modèle.)

129. Quelles remarques avez-vous à faire sur le futur?

1° Tous les verbes de la première conjugaison ont, au futur et au conditionnel, un *e* muet avant le *r*, à cause du radical. Écrivez *jouer* sur le tableau noir, ajoutez-y *ai, as, a, ons, ez, ont*, vous aurez *jouerai, jouerons*. Faites effacer les finales *ai, as, ons*, etc., il restera *jouer*, qui est l'infinitif. 2° Quelques verbes de la seconde conjugaison, comme *cueillir*, ont aussi un *e* muet avant le *r* au futur : je *cueillerai*. (*V*. le tab.-mod.)

130. Quelles remarques avez-vous à faire sur l'impératif?

L'impératif n'a point de première personne du singulier; il commence par la seconde, et, comme cette seconde se forme de la première de l'indicatif, dont on retranche le pronom *je*, elle se termine par un *e* muet, pour les verbes de la première conjugaison : je chante, *chante*; je cloue, *cloue*; je défie, *défie*; pour les trois autres conjugaisons, elle finit par *s* : je guéris, *guéris*; je vois, *vois*; je prends, *prends*. La troisième personne se termine par un *e* muet pour tous les verbes.

131. Quelles remarques faites-vous sur le présent du subjonctif?

Tous les verbes au présent du subjonctif sont terminés par *e, es, e*, pour le singulier (1), et par *ions, iez, ent*, pour le pluriel : que je voi*e*, que tu voi*es*, qu'il voi*e*, qu'elle voi*e*, que nous voy*ions*, que vous voy*iez*, qu'ils voi*ent*, qu'elles voi*ent*. Même remarque qu'à l'imparfait de l'indicatif pour les verbes dont le participe présent est terminé par ɪᴀɴᴛ, comme : *criant, sciant*; et par ʏᴀɴᴛ, comme *voyant, nettoyant*.

132. Quelles remarques faites-vous sur l'imparfait du subjonctif?

L'imparfait du subjonctif a quatre terminaisons diffé-

---

(1) Excepté ÊTRE, qui fait : que je *sois*, que tu *sois*, qu'il *soit*; et AVOIR, qui fait : que j'*aie*, que tu *aies*, qu'il *ait*.

rentes, *asse, isse, usse, insse.* Tous les verbes de la première conjugaison finissent par *asse :* que je *parlasse,* que tu *criasses,* etc. Les trois autres conjugaisons finissent par *isse, usse, insse :* que je *finisse,* que tu *reçusses,* que je *devinsse.*

QUESTIONS SUR LES VERBES.

Quelles remarques faites-vous sur les trois personnes du singulier du présent de l'indicatif ? 120. — N'avons-nous pas des verbes de la deuxième conjugaison qui ont, au présent de l'indicatif, les mêmes finales que celles des verbes de la première conjugaison ? 121.—Comment se termine la troisième personne du singulier du présent de l'indicatif des verbes terminés par *dre,* comme *vendre ?* 122. — Comment se terminent les troisièmes personnes du singulier du présent de l'indicatif des verbes *valoir, vouloir* et *pouvoir ?* 123. — Quelles remarques avez-vous à faire sur la terminaison du pluriel du présent de l'indicatif ? 124. — Quelles sont les exceptions ? 125. — Quelles remarques faites-vous sur l'imparfait de l'indicatif de tous les verbes ? 126. — Quelles remarques faites-vous sur les verbes qui ont un *i* ou un *y* au participe présent, comme *pliant, payant ?* 127.— Quelles remarques avez-vous à faire sur le passé défini ? 128. — Quelles remarques avez-vous à faire sur le futur ? 129. — Quelles remarques avez-vous à faire sur l'impératif ? 130.—Quelles remarques avez-vous à faire sur le présent du subjonctif ? 131. — Quelles remarques avez-vous à faire sur l'imparfait du subjonctif ? 132.

MODÈLES D'EXERCICES SUR LES VERBES.

PRÉSENT.

1. Je suis estimé, je fais mes devoirs, je renonce au jeu (1).

2. Je suis satisfait, je prie Dieu, je plais à mes parents.

3. Je suis confus, j'étudie l'histoire, je cours à l'église.

IMPARFAIT.

4. J'étais chéri, j'étudiais mon catéchisme, j'assistais au sermon.

5. J'étais enrhumé, j'apprenais mes leçons, j'abordais au rivage.

---

(1) Le maître fera traduire ces trois verbes avec leurs compléments à toutes les personnes du même temps. (Voyez *Art d'enseigner,* page 79.) Il faudra faire faire aux élèves beaucoup d'exercices semblables, et sur tous les temps.

6. J'étais assis, je sciais ces planches, je m'appuyai contre cet arbre.

PASSÉ DÉFINI.

7. Je fus absent, je me frappai la poitrine, je me suffis.

8. Je fus admis dans cet emploi, je le remplis avec zèle, je succédai à votre ami.

9. Je fus ruiné, je perdis ma fortune, j'y suppléai par mon honnête industrie.

PASSÉ INDÉFINI.

10. J'ai été interpellé, j'ai répondu sagement, j'ai gagné ma cause.

11. J'ai été indisposé, j'ai consulté le médecin, j'ai survécu à ma douleur.

12. J'ai été surpris, j'ai cru à mes amis, j'ai soigné mes parents.

Nota. Ces exercices-modèles sont très simples et suffisent pour donner une idée juste de la marche à suivre dans ces exercices. Le maître en fera faire de semblables sur tous les temps.

DICTÉES A ÉCRIRE SUR LE TABLEAU NOIR.

Après avoir écrit le singulier, on traduira ces mêmes dictées par le pluriel.

Première dictée. Cet élève jou bien, il étudi mal, il copi ses devoirs sur ceux de ses condisciples. Le maître le puni. Tu ignore les ruses, tu ne ment point, tu chéri, tu respecte, tu vénère tes parents; les enfants qui te ressemblent sont chéri de Dieu et des hommes.

2e. Donner aux pauvres n'appauvri point. Celui qui fai l'aumône acquier un trésor dans le ciel. Notre Seigneur nous apprend qu'on obtien la vie éternelle en donnant un verre d'eau en son nom. Travaillé, mes enfants, Dieu mi un trésor dans le travail. Je vous préviens que si vous travaillé vous seré heureux et estimé.

3e. Pierre, ne perd pas ton temps, chaque heure du temps qu'on per devient une chance de malheur pour l'avenir. L'oisiveté va si lentement que tous les vices l'atteignent. Crain et fui l'oisiveté. Il ne suffit pas de travailler il faut encore ajouter l'économie au travail.

4°. Souvien-toi qu'un sou épargné est un sou gagné, et gagné plus facilement que par le travail. Met à la caisse d'épargne les sous que tu aura épargnés. Ils te feron une petite somme avec laquelle tu pourra te procuré bien des choses utiles. Tu connai le beau trait de cet enfant qui tira ses parents d'un grand embarras, en leur donnant la somme qu'il avait économisée.

5e. Ne li pas ces livres qui n'enseignent que des choses futiles. L'enfant ne doi apprendre que ce qui peu lui être utile. A quoi peuve lui servir les Contes de ma mère l'Oie? Reli souvent *la Morale en Action* et *les Entretiens de Maître Pierre*. Ces ouvrages ont été composés par des écrivains qui veulent instruire les enfants de ce qu'ils doive savoir et faire lorsqu'ils seron hommes.

6e. Personne n'a jamais cru qu'il y eu des effets sans cause. Quand je vois une montre, je ne peu penser qu'elle se soi faite toute seule ; elle a pour cause ou pour auteur un horloger : le monde est une montre admirable ; il faut nécessairement qu'il y ait un horloger qui en soi la cause ou l'auteur : cet horloger est Dieu. L'homme le plus savant qu'il y ait eu sur la terre, Newton, n'entendai jamais prononcé et ne prononçai jamais le nom de Dieu sans lever son chapeau et sans s'incliner avec respect.

7e. Si les étoiles qui resplendisse dans l'espace illimité dans lequel notre globe est placé, n'était destinées qu'a nous égayé la vue, le jeu, comme on di, ne vaudrait pas les chandelles. Dieu les fi éclor pour le grand dessein qu'il se proposai dans la création. Il voulu surtout qu'elle nous révélasse sa puissance. Sa puissance est sans bornes et sa bonté égal sa puissance. Oh! que nous lui devon d'actions de grâces! Il nous doua d'une âme immortelle et il voulu que notre corps seul fu sujet à la mort. Il envoya son Fils unique sur la terre pour nous racheter des peines que nous avions encourues par la désobéissance de nos premiers parents. Oh! que de biens il nous prodigua! Il ne nous demande en retour que notre reconnaissance que nous ne pourrion lui refusé sans être horriblement ingrats. On a bien raison de l'appeler le *bon Dieu*.

8e. Nous désignons par un seul nom, par celui de Providence, plusieurs attributs ou qualités de Dieu, à savoir : sa puissance qui produi tout, son intelligence qui règle tout, sa bonté qui récompense, sa justice qui puni, sa miséricorde qui pardonne. Ce nom de providence vient d'un mot latin qui signifie *pourvoir*. C'est, en effet, par les qualités que je vien d'énoncer que Dieu pourvoi à tout. De même que le soleil lui pour tout le monde, il féconde la nature entière par les douces influences qu'il y répan ; de même la Providence veille sur tous les êtres et leur distribue ses dons et ses soins. Il n'y a point de mère qui soi aussi attentive qu'elle ; confions-nous en sa bonté, elle saí ce qui convien à chacun de nous : elle connaît mieux nos besoins que nous ne les connaisson nous-mêmes.

9e. La raison doi conduire l'homme à la foi, et les merveilles visibles de la nature doive l'empêcher de douté des merveilles invisibles que la religion lui apprend. De ce qu'une chose parai impossible, il ne s'ensui point qu'elle n'existe pas : je vais vous le prouver par une petite histoire. Un voyageur hollandais arrivât dans le royaume de Siam, dont la température diffère beaucoup de celle de notre pays. Il fut présenté au roi, et eu avec lui une longue conversation. Le roi écoutait avec ravissement le récit des merveilles de l'Europe ; le Hollandais s'avisa de dire qu'il y avai une saison de l'année où ses compatriotes marchai sur l'eau à pied sec. Le roi, qui jusqu'alors s'était montré singulièrement satisfait, devin tout à coup furieux, et s'écria : « Vous ête un imposteur ; sortez vite, ou redouté mon « courroux. » Le roi de Siam n'avai jamais vu l'eau que dans un état de fluidité, il ne soupçonnait pas que le froid pu la rendre solide et lui donné assez de consistance pour qu'elle supporta le poids d'un homme. L'incrédule qui nie les vérités de la religion, parce qu'il ne les comprend pas, est comme le roi de Siam qui niai la glace.

35ᵉ LEÇON.

RACINE OU RADICAL, FINALE OU DÉSINENCE DANS LES VERBES.

133. On appelle *racine* ou *radical* d'un verbe la partie du verbe qui ne change point; et l'on appelle *finale* ou *désinence* la partie qui est susceptible de varier à chaque personne.

Ainsi : JOU est le radical de *jouer*, et ER en est la finale; PREND est le radical de *prendre*, et RE en est la finale : dans nous *chantons*, le radical est CHANT, et la finale est ONS; dans vous *appelez*, le radical est APPEL, et la finale est EZ; dans ils *boiront*, le radical est BOI, et la finale est RONT.

OBSERVATIONS SUR CERTAINS VERBES DE LA PREMIÈRE CONJUGAISON.

134. Dans les verbes en GER, comme *abréger*, le *g* doit toujours être suivi d'un *e* muet avant l'*a* et l'*o* : tu *abrégeas*, nous *jugeons*.

135. Dans les verbes en CER, comme *effacer*, le *c* prend une cédille avant l'*a* et l'*o* : j'*effaçai*, nous *lançons* des pierres.

136. Dans les verbes terminés à l'infinitif par *yer*, comme *tutoyer*, ou dont le participe présent est terminé par *yant*, comme *ployant*, on change l'*y* en un *i* simple, lorsque cette lettre est suivie d'un *e* muet : j'*envoie*, je *paie*, elles *ploient*, ils *tutoieront*.

137. Les verbes qui sont terminés par *iant*, au participe présent, comme *pliant*, prennent deux *i*, à la première et à la seconde personne du pluriel de l'imparfait de l'indicatif et du présent du subjonctif : nous *priions* le Seigneur; vous *sciiez* ce bois.

Ceux qui sont terminés par *yant* au participe présent, ont, aux mêmes personnes, un *i* après l'*y* : *payions*, *ployiez*, excepté *ayant*, *ayons*.

On écrira au présent de l'indicatif :

Maintenant nous *employons* notre temps au jeu, et vous *employez* le vôtre au travail.

Et à l'imparfait :

Lorsque nous étions en Suisse, nous *employions* notre

temps à parcourir les sites de cet étonnant pays, tandis que vous *employiez* le vôtre à en décrire les beautés.

On écrira au subjonctif :

Il faut que nous nous *réconcilïions* avec Dieu, et vous, que vous le *prïiez* avec nous. (*Voyez les* n°s 128 et 129.)

Remarque. L'*y* se conserve partout dans les verbes en *eyer :* comme *grasseyer, plancheyer.*

36e LEÇON.

138. Dans les verbes terminés par ELER, comme *appeler*, par ETER, comme *jeter*, on double les lettres *l* ou *t*, quand elles se trouvent entre deux *e* muets; ainsi on écrit j'*appelle* avec deux *l*, parce que la lettre *l* se trouve entre deux *e* muets, et j'*appelais* avec un seul *l*; je *jetterai* avec deux *t*, parce que le *t* se trouve entre deux *e* muets, et il *jeta*, avec un seul *t*. Cette règle est fondée sur ce que notre langue ne peut souffrir deux *e* muets de suite à la fin d'un mot, parce que, avant la chute du son, il faut donner un appui à la voix.

139. Quelques grammairiens pensent que le radical de *appeler* étant *appel*, et celui de *jeter, jet*, il ne faut doubler le *l* ni le *t* dans aucun cas. Ils écrivent j'*appèle, je jète, je nivèlerai,* il *cachètera*, etc. Le motif sur lequel ils se fondent est qu'en mettant l'accent grave sur l'*è* qui précède la lettre *l* ou *t*, l'on n'a plus deux *e* muets de suite, et l'on évite bien des exceptions. Mais l'Académie n'a point adopté cette orthographe, qui altère un peu la prononciation reçue; car le son qu'on fait entendre dans *appèle* et *jète* n'est pas absolument le même que dans *appelle* et *jette*.

140. Dans les verbes terminés par *ecer, eser, ener, ever*, on ne double pas la consonne qui se trouve entre deux *e* muets, comme dans les verbes cités au paragraphe précédent; mais on change le premier de ces *e* muets en *è* grave. *Dépecer, mener, peser, lever*, etc., font dépèce, etc., je dépècerai, je dépècerais, etc.; je pèse, etc., je pèserai, etc., je pèserais, etc.; je mène, etc., je mènerai, etc., je mènerais, etc.; je lève, etc., je lèverai, etc., je lèverais, etc.

141. Dans les verbes en *er*, dont l'avant-dernière syllabe a un *é* fermé à l'infinitif, comme *celébrer, céder, considérer, céler, digérer, espérer, régler, régner, empiéter, inquiéter*, etc., cet *é* fermé se change en *è* grave devant une syllabe muette. *Espérer* fait j'*espère*, etc., j'*espèrerai*, etc., j'*espèrerais*, etc.; *céler*, je *cèle*, etc.: *repéter*, je *répète*, etc.

142. Tout verbe qui a une double consonne dans son radical, la conserve dans toute la conjugaison; ainsi, écrivez je *grelotte*, je me *flatte*, je *dérouillerai*, nous nous *habillons*, vous vous *brouillerez*.

143. Dans les verbes en *ouer, uer*, comme *vouer, suer*, on met un tréma sur l'*i* des finales *ïons, ïez*, aux personnes plurielles de l'imparfait de l'indicatif et du présent du subjonctif, pour le détacher du radical : nous *dévouïons*, vous *jouïez*. Les verbes terminés en *guer* ne suivent pas cette règle. Le verbe *arguer* se conjugue ainsi : j'*argüe*, nous *argüons, argüé*, j'*argüerai*, que nous *argüions*.

144. Les verbes terminés au présent de l'infinitif par *éer*, comme *créer*, ont deux *é* au participe passé masculin, et trois au participe passé féminin ; un homme *créé*, une femme *créée*; un présent *agréé*, une offrande *agréée*.

145. Certains verbes, comme *envoyer, renvoyer, courir, recourir, parcourir, voir*, prennent deux *r* au futur et au conditionnel : j'*enverrai*, tu *courras*, elles *courront*, il *enverrait*, nous *verrions*.

37e LEÇON.

REMARQUES SUR CERTAINS VERBES DE LA DEUXIÈME CONJUGAISON.

146. *Bénir* a deux participes passés : *béni, bénie ; benit, bénite*. Quand le participe s'applique aux cérémonies de l'église, il fait *bénit, bénite* : il m'a présenté l'eau *bénite*. Partout ailleurs il fait *béni, bénie* : cette famille est *bénie* des pauvres.

147. Le verbe *haïr* est de deux syllabes à l'infinitif, et s'écrit avec deux points sur l'*i* ; il retient la même orthographe et la même prononciation dans tous les temps, excepté aux trois personnes du singulier du présent de l'indicatif : je *hais*, tu *hais*, il *hait ;* et à la se-

conde personne du singulier de l'impératif : *hais* le mensonge (1).

148. Le verbe *fleurir* fait *fleurissant* au participe présent, et *fleurissait* à l'imparfait de l'indicatif, quand on parle de fleurs qui poussent : les amandiers *fleurissaient;* mais quand il s'agit de la prospérité d'un état, des arts, etc., il fait *florissant, florissait* : les arts *florissaient* sous Louis XIV.

38e LEÇON.

DES VERBES IRRÉGULIERS.

REMARQUES. 1re. Les verbes réguliers *au futur* le sont aussi au *conditionnel. Aller*, fait au présent , je vais, tu vas, il ou elle va , nous allons, vous allez, ils ou elles vont. *Futur*, j'irai, tu iras, il ira , etc. *Impératif*, va. *Présent du subjonctif*, que j'aille, etc.; que nous allions, qu'ils aillent. La première conjugaison n'a que ce verbe où les temps primitifs ne soient pas réguliers.

2e. *Offrir, ouvrir , souffrir, découvrir,* se, conjuguent comme *couvrir; tenir* et ses composés , comme *venir; dormir,* comme *sortir; défaillir, tressaillir ,* comme *assaillir.*

3e. Les grammairiens et l'Académie ont toujours fait *vêtir* très irrégulier : *vêtant,* je *vêts , nous vêtons,* je *vêtais,* que je *vête ,* etc. (Acad.) Quelques grands écrivains, au contraire, ont toujours été portés à rendre ce verbe régulier. Exemp. :

Dieu leur a refusé le cocotier qui ombrage, loge, *vêtit,* nourrit, abreuve les enfants de Brahma.   (Voltaire.)

De leurs molles toisons les brebis se *vêtissent.* (Delille.)

Le poil du chameau sert aux Arabes à faire des étoffes dont ils se *vêtissent* et se meublent. (Buffon.)

Comme un fils de Morven me *vêtissait* d'orages. (Lamartine.

M. de Châteaubriand a écrit aussi *vêtit* au lieu de *vêt.*

---

(1) Le tréma tient lieu de l'accent circonflexe au passé défini, et à l'imparfait du subjonctif: nous *haïmes,* vous *haïtes,* qu'il *haït.*

4ᵉ. *Repartir* est irrégulier comme *partir*: *repartant*, je *repars*, je *repartais* pour Paris ; *Répartir* est régulier : *repartissant*, je *répartis*, je *répartissais* les impôts.

5ᵉ. *Ressortir* (d'un lieu) est irrégulier comme *sortir* : *ressortant*, je *ressors*, je *ressortais* ; mais Ressortir (à un tribunal) est régulier comme *assortir* : *assortissant*, *ressortissant* ; j'*assortis*, je *ressortis* ; j'*assortissais*, je *ressortissais*, etc.

6ᵉ. *Saillir* est régulier : le sang *saillit*, *saillissait*, *saillira*. Mais *Saillir*, terme d'architecture, est irrégulier, comme *assaillir* : ce balcon *saille*, *saillait*, *saillera*. (Acad.) Quelques grammairiens ont dit de même : j'*assaillerai*, je *tressaillerai*. Mais l'Académie n'admet que la forme régulière : j'*assaillirai*, je *tressaillirai*.

7ᵉ. *Acquérir*, j'*acquiers*, nous *acquérons*, ils *acquièrent*, j'*acquerrai*, etc., que j'*acquière*, que nous *acquérions*, qu'ils *acquièrent*.

8ᵉ. *Courir* et *Cueillir* font : je *courrai*, etc., je *cueillerai*, etc. *Mourir*, je *meurs*, nous *mourons*, je *mourrai*, que je *meure*, que nous *mourions*, etc.

39ᵉ LEÇON.

VERBES DÉFECTIFS.

1° *Défaillir* n'a que le participe présent *défaillant* et tout ce qui en dérive, nous *défaillons*, je *défaillais*, etc.; le passé défini je *défaillis* et son dérivé, que je *défaillisse*, et le participe *défailli*. *Faillir* n'a que les participes *faillant*, *failli*, le passé défini je *faillis*, et son dérivé que je *faillisse*.

2° *Gésir*, inusité à ce temps, ne s'emploie qu'aux personnes et aux temps suivants : il *gît* (ci-gît), nous *gisons*, vous *gisez*, je *gisais*, etc. *Ouïr* n'a que le participe passé *ouï*, le passé déf. j'*ouïs*, etc., nous *ouïmes*, et son dérivé que j'*ouïsse*, etc.

3° *Quérir* ne s'emploie qu'à ce temps ; il en est de même de *ravoir*, *poindre* (signifiant *paraître*), *férir*, *méfaire*, *parfaire*, etc.

4° *Déchoir* a, je *déchois*, nous *déchoyons*, je *déchus*, et son dérivé que je *déchusse*, je *décherrai*, que je *déchoie*, participe *déchu*, point de participe présent.

5° *Braire*, *brayant*, *brait*, il *brait* ; ce verbe n'a pas de passé défini. Cependant Voltaire, en écrivant à d'Alembert, a dit : Non, vous ne *brairez* point : mais vous frapperez rudement les Welches qui *braient*.

6° *Bruire* ne s'emploie que dans il *bruit*, il *bruyait*, les vents *bruyaient* ; au participe *bruyant*. *Clore* ne se conjugue qu'au singulier du prés., je *clos*, tu *clos*, il *clôt*, je *clorai*, etc., que je *close*. *Eclore* a de plus la 3e pers. plur., ils *éclosent*, le participe *clos*, *enclos*, *éclos*.

7° *Frire* n'a que le sing. du prés., je *fris*, etc., je *frirai*, l'impératif *fris*, le participe *frit*. *Luire*, *reluire*, se conjuguent comme *nuire* ; mais ils n'ont ni le passé défini, ni le dérivé de ce temps.

8° *Paître*, se conjugue comme *paraître* ; mais il n'a ni le passé défini, ni le dérivé de ce temps : son participe *pu* est inusité. *Repaître* a tous ses temps.

9° *Traire* fait *trayant*, *trait*, je *trais* ; mais il n'a ni le passé défini, ni le dérivé de ce temps. Tous ses composés, *extraire*, *distraire*, etc., se conjuguent de même.

40e LEÇON.

1° *Asseoir*, j'assieds, tu assieds, il assied, *nous asseyons*, etc. ; j'assis, etc. ; j'assiérai ou *j'asseyerai*, etc. ; j'assiérais ou *j'asseyerais*, etc. ; assieds, asseyez, que j'asseye, que j'assisse, etc. ; asseyant.

On conjugue aussi ce verbe comme *surseoir*, j'assois, etc. ; j'assoyais, etc. ; j'assoirai, etc. ; j'assoirais, etc. ; assois, assoyez, que j'assoie, etc. ; assoyant.

2° Le verbe *surseoir* fait, je *sursois*, je *sursoyais*, je *sursis*, je *surseoirai*, etc. Le verbe *seoir*, quand il signifie *être assis*, n'a conservé que *séant*, *sis*, *sieds-toi*. Quand il signifie être convenable, il ne s'emploie que dans : il *sied*, ils *seyent*, il *seyait*, il *siéra*, il *siérait*, ils *siéront*, *seyant*, etc. (Acad.)

3° *Echoir*, j'*échois*, il *échoit* ou il *échet*, nous *échéons*, ils *échéent* ou *échoient*, j'*échoyais*, ou mieux j'*échéais*, j'*écherrai*, etc.

4° *Mouvoir*, je *meus* ; nous *mouvons*, ils *meuvent*, je *mouvrai*, que je *meuve*, que nous *mouvions*, etc.

5° *Pouvoir*, je *puis* ou je *peux*, nous *pouvons*, je

pourrai, que je *puisse*, etc. ; à l'interrogatif on dit *puis-je?*

6° *Prévaloir* se conjugue comme *valoir*; au subjonctif, il faut : que je *prévale*.

7° *Savoir*, je *sais*, nous *savons*, ils *savent*, je *saurai*, *sache*, *sachons*, *sachez*, que je *sache*. Dans certains cas on emploie la première personne du présent du subjonctif pour la première personne du présent de l'indicatif, avec une expression négative. Ex. :

Je ne sache pas vous avoir donné lieu à vous plaindre. (J.-J. Rousseau.)

8° *Valoir*, je *vaux*, je *vaudrai*, que je *vaille*, que nous *valions*, qu'ils *vaillent. Voir*, je *verrai*.

9° *Vouloir*, je *veux*, nous *voulons*, ils *veulent*, je *voudrai*, que je *veuille*, que nous *voulions*, qu'ils *veuillent*. Ce verbe a deux impératifs : par politesse on dit : *veuille, veuillons, veuillez*; pour marquer le commandement on dit : *veux, voulons, voulez*.

QUESTIONS SUR CERTAINS VERBES DES QUATRE CONJUGAISONS.

Qu'appelle-t-on racine ou radical d'un verbe ? 133. — Donnez le radical du verbe *marcher, finir, lire, craindre*, etc. — Quelle remarque avez-vous à faire sur les verbes terminés par *ger*, comme *abréger ?* 134. — Quelle remarque avez-vous à faire sur les verbes terminés par *cer*, comme *effacer ?* 135. — Sur ceux terminés par *yant*, comme *croyant ?* 136. — Sur ceux terminés par *iant*, comme *pliant ?* 137. — Sur ceux terminés par *eler*, comme *appeler*, et par *eter*, comme *jeter ?* 138. — Pourquoi double-t-on les lettres *l* et *t* quand elles se trouvent entre deux *e* muets? 139. — Quelles sont les raisons qu'on donne pour et contre cette orthographe adoptée par l'Académie? *id.* — Dans les verbes terminés par *ecer, eser, ener, ever*, dont on ne double pas la consonne placée entre deux *e* muets, quel changement subit le premier de ces deux *e?* 140. — Dans les verbes en *er*, dont l'avant-dernière syllabe a un *é* fermé à l'infinitif, quel changement subit cet *e?* 141. — Comment doit-on écrire tout verbe qui a une double consonne dans le radical, comme *grelotter?* 142. — Quelle remarque avez-vous à faire sur les verbes terminés par *ouer*, comme *vouer*, et par *uer*, comme *suer ?* 143. — Sur ceux terminés par *éer*, comme *créer ?* 144. — Quels sont les verbes qui prennent deux *rr* au futur et au conditionnel? 145. — Quelle remarque avez-vous à faire sur le verbe *bénir ?* 146; — sur le verbe *haïr ?* 147; sur le verbe *fleurir ?* 148. — Comment se conjugue le verbe *aller ?* (38°

Leçon.)—Comment se conjuguent les verbes *offrir, ouvrir, souffrir, découvrir* ? (38ᵉ Leçon.)—*Vêtir* est-il irrégulier ? (38ᵉ Leçon, n° 3.) —*Repartir* est-il irrégulier ? (n°4.)—Comment se conjugue *ressortir? saillir ? acquérir ? cueillir?* (38ᵉ Leçon.) — Comment se conjugue le verbe *défaillir ? gésir ? quérir ? déchoir? braire ? bruire? frire ? paître ? traire ?* (39ᵉ Leçon.)—Comment se conjugue *asseoir ? surseoir? échoir ? mouvoir ? pouvoir? prévaloir ? savoir ? valoir? vouloir?* (40ᵉ Leçon.)

EXERCICES GÉNÉRAUX SUR LES ADJECTIFS, SUR LES PRONOMS
ET SUR LES VERBES.

PREMIER EXERCICE. Je ne jourai point, quand tu joura, et je ne perderai point le temps que tu perdera, en amusements frivoles; je parcourrai l'histoire Sainte, qui m'instruira et me recréra à la fois. Tu m'avoura, mon ami, que cette manière d'employé la récréation vaut mieux que le jeu que tu me propose. Va, cour après les papillons, puisque cela te plai, mets-toi en nage et perd ta peine à les poursuivre, ou prend-les si tu peu. Je ne renouvellerai pas ce jeu qui m'a essoufflé avant-hier. Sais-tu qu'on a di dans le village que nous courions comme des fous? je ne courai pas aujourd'hui. Crois-tu donc qu'il fail se fatigué, chaque jour, en pure perte ? comment pourions-nous travaillé à nos devoirs après un exercice si violent ? ne comprend-tu pas que la fatigue ne nous le permettrai point, et que notre maître, voyan notre nonchalance, nous en punirai et nous renverrai peut-être à nos parents, qui crirai contre notre dissipation ? Ne sor pas, reste avec moi, assié-toi, changons un exercice fatiguant et inutile en exercice agréable et instructif, contenton notre maître et n'affligeon pas nos bons parents. J'espère que tu ne rejetera point cette proposition , si tu réfléchi aux avantages que nous en recueilleron.

2ᵉ. Ce que tu cèlera aux hommes, n'espère point le céler à Dieu; il est impossible que tu le lui cèle. Celui qui a fait la pensée doit nécessairement la voir, et tu serais fou si tu t'imaginais que tu pusse jamais lui caché rien de ce que tu pense. Ne conçoi donc que des pensées qui puisse lui être agréables. — Si les hommes, avant de commettre une mauvaise action, réfléchissai aux suites fâcheuses qu'elle aura, s'ils envisageai le déshonneur qui en rejaillira sur eux et les tourments qu'elle leur causera, ils ne la commettrai point, et il n'y aurai peut-être plus de coupables sur la terre. Notre intérêt le plus réel exige que nous pratiquion la vertu et que nous fuyons le vice. Il n'y a pas de richesses qui vaille la joie et la satisfaction qui son l'apanage de la vertu; elle est ce qu'il y a de plus utile, car elle fait bien usé de tout. Le vice est, au contraire, ce qu'il y a de plus nuisible, car il souille et corromp tout, et il engendre mille maux qui nous assaille sans relâche.

3ᵉ. Il fau que nous payons tôt ou tard notre dette à la nature, il faut que nous mourons: nous n'avon reçu la vie qu'à condition que nous la rendrion, quand le terme fatal écherrai; ce terme une fois échu ne pourra être prolongé, quelque effort que nous fassion. C'est en vain que nous pririon le Seigneur de retardé notre dernière heure, il ne nous accordera pas un tour de cadran comme à Ezéchias. Il est certain que nous mourron à l'époque qu'il a déterminée dans sa sagesse. Mais quand viendra cette époque? nous l'ignorons. On meur dans l'enfance comme dans la vieillesse. Ne vous prévalé donc pas de votre jeune âge, mes amis; vous vous en prévaudrié sans raison. Rien ne vous garanti que vous ne mourré pas dans l'année, dans le mois peut-être. Ah! puisqu'il en est ainsi, hâtez-vous de faire un bon usage de la vie. Compensé-en la brièveté par l'utilité, et si elle n'est pas pleine de jours, qu'elle soit pleine de vertus. Les vertus sont les seules ressources que nous ayon contre la mort.

4ᵉ. Qu'on boive un peu de vin, il fera du bien au corps et ne troublera point l'esprit. Mais quand on en boira beaucoup, on s'enivrera, et l'on donnera un spectacle ridicule aux autres. On sai que les magistrats de Sparte exposai un esclave ivre aux yeux de leurs concitoyens afin qu'ils reconnus les inconvénients de l'ivresse et ne s'enivras point. La nature voulut que l'homme mangea pour vivre et non pas qu'il vécu pour manger; si l'on transgresse cette ordonnance on s'expose à une foule de maladies qui n'atteigne jamais les gens sobres. On rapporte qu'un Sybarite suai à grosses gouttes parce qu'il voyait un esclave qui fendai du bois, et qu'un autre ne put dormir de toute une nuit parce qu'il y avait dans son lit une feuille de rose pliée en deux. Jugeons par ces deux traits combien la mollesse affaiblit le corps. Pourquoi la nature nous donna-elle deux oreilles et une seule langue ? — Afin que nous apprissions par là qu'il vau deux fois mieux écouté que parler.

5e. Voyez jusqu'où peut aller l'orgueil de l'homme ! Un Grec, nommé Psaphon, apprivoisai des oiseaux et leur enseignai à dire : *Psaphon est Dieu;* ensuite il leur donnai la volée afin qu'ils allas répéter leur leçon dans les bosquets. Il s'imaginait qu'il ferai croire à sa divinité par cette ruse, mais il s'en fallu bien que ses compatriotes y crus. Ils rire tous aux dépens de Psaphon. Il ne fau pas que nous dision tout ce qui est vrai, car toute vérité n'est pas bonne à dire, mais il faut que tout ce que nous dison soit vrai. — Qu'est-ce que vous appelé esprit juste ?—J'appelle esprit juste celui qui voi les choses telles qu'elles sont ou qu'elles doive être. Si vous voulé que je vous définis aussi l'esprit faux, je le définirai en répétant avec négation ce que vous vené d'entendre : l'esprit faux est celui qui ne voi pas les choses telles qu'elles son ou qu'elles doive être. L'homme qui acquerera une bonne renommée fera mieux que s'il acquérait une grande fortune. Je voudrai, mes enfants, que vous acquissié cette bonne renommée. Qu'acquerrié-vous de meilleur ?

6e. On s'étonnai à Athènes que Ménédème et Asclépiade, qui étai pauvres et avai besoin de travaillé pour vivre, passas huit ou neuf heures par jour à écouté les leçons des philosophes du portique. L'aréopage ordonna qu'ils comparus devant son tribunal et qu'ils découvris quels étai leurs moyens d'existence. Ménédème interpellé le premier, di : Je mou pendant une partie de la nuit, Asclépiade mou avec moi, et nous moudrion, s'il le fallai pendant la nuit entière, pour gagné l'argent qui nous permet d'employé le jour à l'étude. Faites venir le meunier pour qui nous moulon, et il vous l'attestera. Le meunier fu mandé, et il confirma la vérité des paroles d'Asclépiade. Les juges, enchantés de la sage conduite des deux jeunes gens, leur assignèrent une somme de deux cents drachmes pour les récompensé. — Un coupable croyai se faire absoudre par le juge en disan : C'est malgré moi que j'ai commi la faute dont on m'accuse. Mais il ne fut pas absou. Le juge di : Je ne t'absoudrai point, et si tu as fai la faute malgré toi, c'est malgré toi que tu en sera puni.

7e. On assur qu'une fermière s'étant habituée à porté chaque jour un veau tout jeune, le portai encore quand il fu devenu bœuf, sans qu'elle s'aperçu de l'augmentation du poids. C'est sans doute un conte ; mais ce conte a été fait pour nous enseigné que l'habitude du travail le ren moins pénible, et qu'elle augment les forces de l'ouvrier, de telle sorte qu'il devien capable de faire ce qui lui eu été impossible, s'il n'eu contracté cette bonne habitude. Je vous exhort, mon ami, à persévérer dans le travail ; cette persévérance vous en diminuera les peines et finira par vous le rendre facile et même agréable.

Si l'exercice entretien et accroi les facultés de l'homme, l'oisiveté les rouil et les use complétement. Celui qui s'y livre per toute énergie ; il devient pareil aux sybarites dont je vous ai parlé, l'idée seule du travail le met à la torture. Et voyé que de maux résulte de cet état ! La misère fon sur lui et l'étrein de ses bras hideux ; les vices qu'elle fait éclor le pervertis ; la société le repous et le rejet de son sein ; il n'excite pas même la pitié ; tout le monde le méprise et le hai.

8e. *Tes père et mère honoreras afin que tu vives longuement.* Voilà le seul des commandements auquel Dieu ai voulu attacher spécialement une promesse. Jugé par là combien ce Dieu tien à ce que nous l'accomplission. Eh ! quel est l'enfant assez dénaturé et assez ennemi de lui-même pour ne pas l'accomplir ? Nos plaisirs les plus doux et nos intérêts les plus réels ne naisse-ils pas des devoirs de la piété filiale ? O mes enfants, soyez unis, ayez de l'indulgence les uns pour les autres. Chacun de vous a ses défauts qu'il fau bien qu'on lui pardon. Ses propres torts lui impose l'obligation de ne pas traité en toute rigueur ceux de son prochain. Que deviendrai la société si l'on y laissai régner l'intolérance, la violence, l'aigreur, la colère ? Voyez quelles peuve être les suites d'un seul de ces vices, de la colère, par exemple : elle excite les querelles, les querelles produit les injures, les injures amène les coups, les coups occasion les blessures, et souvent les blessures don la mort. Oh ! soyons indulgents, et ne croyons pas que la justice s'y oppose ; car l'indulgence n'est que la justice modifiée par la bonté. Un poëte grec appelle l'espérance le songe d'un homme éveillé. En effet, elle est de la même nature que les songes ; il n'est rien en elle de réel. Elle sème la vie de belles veilles, de jours heureux auxquels manquera toujours le lendemain ; elle présente des vergers en fleurs dont on ne recueillira pas les fruits ; elle nous promet des avantages qui n'écheron jamais. Vous croyé qu'espérer ce soi faire un emprunt au bonheur. Détrompez-vous, c'est faire un vol au présent en faveur d'un avenir qui n'existera peut-être point ; c'est perdre en rêves chimériques des moments qu'il faudrai employé utilement. Il n'y a qu'une espérance qui soi solide : c'est celle dont la religion a fait une vertu ; c'est l'espérance en Dieu.

L'Enfant et le Serin.

9*.   Un enfant qui, toujours volage,
Malgré les soins constants d'un maître habile et sage,
En deux ans n'avai rien appris,
Entendai un serin qui, perché dans sa cage,
Sifflai parfaitement un air des plus jolis.
Surpris, émerveillé de ce charmant ramage :
Je savai, dit l'enfant, qu'un serin chantai bien ;
Mais j'ignorai qu'il pu être un musicien.
Comment, ajouta-t-il, a-tu donc fait pour l'être ?
Comment j'ai fait ? répondit le serin :
J'ai profité des leçons de mon maître ;
Et lorsqu'il me sifflai le soir et le matin,
J'oubliai tout le reste et j'étai tout oreille.
C'est à force de l'écouté
Que j'ai, dans quelques mois, appris à l'imité,
Et c'es pourquoi l'on di que je siffle à merveille.
Mais il ne dépen que de toi
D'être à ton tour habile ;
Il ne fau qu'être, comme moi,
A ce que l'on t'enseigne attentif et docile.

L'Enfant et la Rose.

o°. Un enfant, par hasard, entra dans un jardin
Qué Flore avai paré des fleurs les plus brillantes.
   Roses, œillets, jonquilles, amarantes,
   Vinrent s'offrir aux yeux de mon lutin.
    La beauté de ces fleurs le tente.
Il voudrai les cueillir toutes, tout à la fois,
Mais Flore n'en laissa qu'une seule à son choix.
    Il choisit donc la plus brillante,
Je veux dire la rose, et sur elle soudain
    Il se mi à porter la main ;
    Mais quand il la senti blessée
Par les traits dont la fleur se trouvai hérissée,
    Indigné de sa trahison :
Va périr, lui dit-il, sur ton triste buisson,
    Je vais chercher une autre rose
Qui, plus belle que toi, n'aura pas d'aiguillon.
    Il le fit bien ; mais à quoi bon ?
    Ce fut toujours la même chose.
Voilà donc mon marmot qui se met à pleuré
De ce qu'il ne peu pas avoir ce qu'il désire.
De ses pleurs enfantins Flore se mit à rire.
    Cependant, pour le rassuré,
Elle lui dit : Mon fils, en vain tu te chagrine,
    Tu ne pourras point rencontré
    De rose qui soit sans épines.
    Console-toi, pourtant, et cesses de gémir
    Il ne tient qu'à toi de jouir
De cette fleur qui fait l'objet de ton envie :
Arrache tous les traits dont elle est investie,
Ensuite sans danger, tu pourra la cueillir.
A tout jeune écolier je dis la même chose :
    Votre étude, ainsi que la rose
    A ses épines, ses ennuis.
    Surmontais-les d'abord avec courage,
    Et puis vous aurais l'avantage
D'en recueillir sans peine et les fleurs et les fruits.

CHAPITRE SIXIÈME.

41ᵉ LEÇON.

DE LA PRÉPOSITION.

49. La préposition est un mot invariable qui marque

le rapport d'un substantif, ou d'un pronom, ou d'un
verbe, dont elle est suivie, avec un mot dont elle est précédée, dans toute construction directe, Ex. :

Le bonheur d'une mère consiste à travailler à celui
DE *ses enfants.*

DE marque le rapport du substantif *mère* avec *bonheur*; à marque le rapport du verbe *travailler* avec
consiste; à marque le rapport du pronom *celui* avec
travailler; DE marque le rapport du substantif *enfant*
avec *celui*.

Le terme qui précède la préposition s'appelle l'*antécédent*, et celui qui la suit le *conséquent*.

L'antécédent peut être par inversion après le conséquent. Par exemple dans ce vers :

De Dieu qui nous créa la clémence infinie,

Clémence, qui est l'antécédent de la préposition DI
se trouve placé après *Dieu*, qui en est le conséquent.

Et dans cette phrase : *en lisant on s'instruit; s'instrui*
antécédent de la préposition EN, se trouve aussi pla
après *lisant*, qui en est le conséquent.

On rétablit la construction directe, et l'on a :

La clémence infinie de Dieu qui nous créa.

On s'instruit en lisant.

Le conséquent peut être quelquefois sous-entendu
dans certaines phrases familières comme celle-ci : *J'*
pris mon manteau et je suis sorti avec.

Voici les prépositions les plus usitées :

A.	Derrière.	Loin de.	Sauf.
Après.	Dès.	Malgré.	Selon.
Attendu.	Devant.	Moyennant.	Suivant.
Auprès de.	Durant.	Nonobstant.	Sur.
Avant.	En.	Outre.	Touchant.
Avec.	Entre.	Par.	Vers.
Chez.	Envers.	Parmi.	Vis-à-vis.
Contre.	Environ.	Pendant.	Voici.
Dans.	Excepté.	Pour.	Voilà.
De.	Hormis.	Près.	
Depuis.	Hors.	Sans.	

CHAPITRE SEPTIÈME.

42ᵉ LEÇON.

DE L'ADVERBE.

150. L'adverbe est un mot invariable qui se place ordinairement près du verbe ou de l'adjectif pour en déterminer la signification. Si je dis : *Ernest chante*, je ne présente que l'idée de *chanter*; mais si je dis : *Ernest chante* PARFAITEMENT, ce mot PARFAITEMENT modifie le verbe *chanter*; il dit de quelle manière Ernest *chante*.

Voici les adverbes les plus usités :

Alors.	Dedans.	Hier.	Peu.
Assez.	Dehors.	Jadis.	Plus.
Aujourd'hui.	Déjà.	Jamais.	Pourtant.
Auparavant.	Demain.	Ici.	Près.
Auprès.	Désormais.	Là.	Presque.
Aussi.	Dessous.	Loin.	Souvent.
Autant.	Dessus.	Maintenant.	Tôt.
Beaucoup.	Enfin.	Mal.	Toujours.
Bien.	Ensemble.	Même.	Tout.
Bientôt.	Ensuite.	Mieux.	Très.
D'abord.	Fort.	Moins.	Trop.
Davantage.	Guère.	Où.	Volontiers.

Généralement les mots terminés en *ment* sont adverbes, lorsqu'ils se forment des adjectifs, comme : *sagement*, de *sage*; *poliment*, de *poli*; *honnêtement*, d'*honnête*; *agréablement*, d'*agréable*. La terminaison *ment* est une syllabe qui signifie *manière* : je me conduis *sagement* équivaut à, *je me conduis d'une manière sage*.

151. Certains adjectifs, comme : *juste, faux, court, droit, haut*, etc., sont quelquefois employés comme adverbes : *parler juste* (dans un sens juste), *il chante faux* (sur un ton faux).

CHAPITRE HUITIÈME.

43ᵉ LEÇON.

DE LA CONJONCTION.

152. La conjonction est un mot invariable qui marque

un rapport entre deux membres de phrase, comme *et,* *donc, car. Soyez homme d'honneur* ET *ne trompez personne. Et* sert à lier le premier membre de phrase *soyez homme d'honneur,* au second membre de phrase *ne trompez personne. Je pense,* DONC *j'ai une ame;* CAR ce qui pense en nous, c'est l'ame, et non pas le corps la matière.

Voici les principales conjonctions :

Ainsi.	Et.	Ou.	Savoir.
Ainsi que.	Lorsque.	Parce que.	Si.
Car.	Mais.	Puisque.	Soit.
Cependant.	Néanmoins.	Quand.	Toutefois.
Comme.	Ni.	Que.	
Donc.	Or.	Quoique.	

153. On appelle expressions conjonctives les conjonctions suivantes : *afin que, à moins que, avant que, en cas que, bien que, encore que, de peur que, de crainte que, jusqu'à ce que, pour que, pourvu que, supposé que, sans que, soit que,* parce qu'elles sont composées de plusieurs mots.

154. On distingue la conjonction *que* du *que* relatif, en ce qu'elle ne peut pas se tourner par *lequel, laquelle.* Dans cet exemple : je doute QUE le livre *que* tu lis soit instructif, le premier *que* est une conjonction, et le second, un pronom relatif.

CHAPITRE NEUVIÈME.

44e LEÇON.

DE L'INTERJECTION.

155. L'interjection est un mot invariable qui sert à peindre une affection vive et subite de l'ame. Ainsi quand on dit : *Quel malheur,* HÉLAS! *nous accable! Vous voilà,* AH! *que vous me faites plaisir!* les mots HÉLAS! et AH! sont des interjections.

Voici les principales interjections :

Ah!	Fi!	Çà!	Bon!
Ha!	Hélas!	Allons!	Ferme!
Eh!	Ouf!	Adieu!	Fi donc!
Hé!	Holà!	Alerte!	Gare!
Oh!	Chut!	Quoi!	Courage!
Ho!	Paix!	Hem!	

QUESTIONS SUR LA PRÉPOSITION, L'ADVERBE, LA CONJONCTION ET L'INTERJECTION.

Qu'est-ce que la préposition?—Qu'est-ce que l'antécédent et le conséquent de la préposition? — Faut-il que l'antécédent soit toujours placé avant le conséquent?— Le conséquent ne peut-il pas être sous-entendu? 149.—Quelles sont les prépositions les plus usitées? 150.—Qu'est-ce que l'adverbe?—De quoi sont formés les adverbes terminés en *ment*, et que signifie cette terminaison? 151. — Quels sont les adverbes les plus usités? — Certains adjectifs ne s'emploient-ils pas aussi comme adverbes? 151.—Qu'est-ce que la conjonction? 152. — Quelles sont les principales conjonctions?—Qu'appelle-t-on expressions conjonctives? 153. — Comment distingue-t-on la conjonction *que* et *que* relatif? 154. — Qu'est-ce que l'interjection? 155.

CHAPITRE DIXIÈME.

45ᵉ LEÇON.

DU PARTICIPE.

156. Le participe est un mot qui tient du verbe et de l'adjectif : du verbe, en ce qu'il exprime une action ; de l'adjectif, en ce qu'il ajoute aussi au substantif une qualité quelconque.

157. Il y a deux sortes de participes : le participe *présent*, qui est toujours terminé par *ant;* le participe *passé*, dont les terminaisons sont *é*, pour la première conjugaison, *u, i, is, int, ert*, etc., pour les trois autres conjugaisons.

DU PARTICIPE PRÉSENT.

158. Le participe *présent* ne varie jamais : *Nous avons vu ces tendres mères* CARESSANT *leurs enfants;* ici *caressant* exprime l'action.

159. Il ne faut pas confondre le participe présent avec l'adjectif verbal, qui est aussi terminé par *ant*, et qui, comme tous les autres adjectifs, varie selon le genre et le nombre du substantif auquel il se rapporte : *Nous avons vu ces mères tendres et* CARESSANTES *presser leurs enfants dans leurs bras;* ici *caressant* exprime l'état.

46ᵉ LEÇON.

160. Le participe présent marque une action faite par le mot auquel il se rapporte, et il a ordinairement un complément exprimé ou sous-entendu.

161. On reconnaît qu'un mot est participe présent quand on peut le faire précéder par *en*. Ex. :

Ces loups, HURLANT *sans cesse, vont çà et là* CHERCHANT *leur proie.*

Hurlant et *cherchant* sont des participes présents qui expriment une action. On peut dire : ces loups vont çà et là, EN *hurlant* et EN *cherchant* leur proie.

On reconnaît encore le participe présent, quand on peut le remplacer par un des temps du même verbe, à l'aide d'une des conjonctions *comme, quand, lorsque, puisque.* Ex. : *je les ai vus* ÉCRIVANT *et non* LISANT. On peut dire : je les ai vus QUAND ils écrivaient et non LORSqu'ils lisaient.

Ces vergers APPARTENANT *à vos parents, ils doivent en recueillir les fruits.* On peut dire : COMME OU PUISQUE ces vergers appartiennent à vos parents, ils doivent, etc.

> Tel enfin, *triomphant* de sa digue impuissante,
> Un fier torrent s'échappe, et l'onde *mugissante*
> Traîne, en *précipitant* ses flots amoncelés,
> Pâtre, étable, troupeaux, confusément roulés.

Triomphant est un participe présent, parce qu'on peut le faire précéder par *en* et dire : *tel* EN *triomphant*, ou par *parce que*, et dire : tel *parce qu*'il triomphe, etc.

Mugissante est un adjectif verbal qui s'accorde avec son sujet *onde*; il marque l'état, la manière d'être de l'onde.

Précipitant est un participe présent précédé du mot *en*.

PARTICIPES PRÉSENTS.	ADJECTIFS VERBAUX.
Les passions *errant* sur ce peuple assemblé, Offrent les vastes flots d'un océan troublé. (Delille.)	Les peuples *errants* doivent être les derniers qui aient été (Voltaire.)
La terre abonde de ces gens *brillant* au caquet. (Le Noble.)	Des hommes vermeils et brillants de santé. (Boileau.)
Je vis nos voyageurs *approchant* du sommet de la montagne. (Bescher.)	Les Juifs apprirent la langue chaldaïque, fort *approchante* la leur. (Bossuet.)
Et là Crète *fumant* du sang du Minotaure. (Racine.)	Il m'offrait une main *fumante* de mon sang. (Voltaire.)

Ces exemples prouvent que le *participe présent* marque une action faite par le mot auquel il est joint, tandis que l'*adjectif verbal* est un mot qui exprime une disposition habituelle du sujet à agir, plutôt qu'une action; ou si ce mot exprime une action, elle est tellement prolongée, qu'elle devient un état, une situation du sujet. *Des feuilles* DÉGOUTTANTES de rosée, exprime bien l'état, la situation des feuilles, tandis que *la rosée* DÉGOUTTANT *des* FEUILLES n'exprime qu'une action momentanée.

EXERCICES SUR LE PARTICIPE PRÉSENT ET SUR L'ADJECTIF VERBAL.

PREMIER EXERCICE: Nous avons vu des chiens dévorant, se disputant leur proie. Entendez-vous ces chevaux hennissant et ces trompettes retentissant? c'est le présage du combat qui s'apprête. Nous avons vu au musée des tableaux parlant. Nous avons vu des monstres marins dégoûtant et dégouttant d'eau.

> Un moment elle est gaie, un moment sérieuse,
> Riant, pleurant, jasant, se taisant tour à tour,
> Enfin, changeant d'humeur mille fois en un jour.

2e. Les vierges de Raphaël sont ravissant de beauté. Le berger a surpris deux loups ravissant un mouton. Ces orangers, charmant la vue et embaumant l'air, font de ce jardin délicieux un séjour ravissant. Point d'importuns laquais épiant nos discours, critiquant notre maintien, comptant nos morceaux d'un œil avide, s'amusant à boire et murmurant d'un trop long dîner. C'est une femme allant et agissant, mais d'ailleurs contrariant et médisant.

3e. J'ai vu ta mère bien souffrant. J'ai trouvé ta sœur bien souffrant de la migraine. Cet homme avait des yeux pénétrant, son accueil était dur, ses paroles menaçant. Voilà des gens riant à tous propos. Ce sont des femmes allant toujours, agissant du matin au soir; mais d'ailleurs contrariant tout le monde et médisant de leur prochain. Quand la femelle de l'ours a perdu ses oursons, elle annonce sa douleur par des cris perçant; elle est triste et gémissant : c'est une mère pleurant ses petits.

4e. Ce sont des femmes perpétuellement allant, perpétuellement agissant; mais du reste sans cesse contra-

riant et naturellement médisant. J'ai toujours vu ceux
qui voyageaient dans de bonnes voitures, rêveurs, tris-
tes, grondant ou souffrant. Votre sœur inspire le plus
tendre intérêt : on la voit si souffrant et en même temps
si prévenant, si touchant et si peu tourmentant! Les
feux du midi brûlant nos campagnes sont des feux bien
brûlant. Nous avons vu la neige blanchissant nos toits.
Dans vos tableaux, rendez vivant et parlant les per-
sonnages que vous peignez.

5e. Voilà une personne accommodant, on la voit toujours empressée et accommodant les affaires les plus épi-
neuses. Je ne veux point avoir sous les yeux ces gens
allant et venant sans cesse, et sans cesse allant et venant. Descendant des Scipion, Cornélie avait toute la
grandeur d'âme des héros de sa race. Les Suisses, descendant du sommet des montagnes, mirent en déroute
l'armée de Charles-le-Téméraire. Voici une boisson
adoucissant ; en voici une adoucissant l'âcreté des hu-
meurs. Il court ici des bruits alarmant, alarmant même
les esprits les plus forts.

6e. De quel œil Dieu doit-il voir vos bras fumant de
sang? La terre était encore fumant à l'endroit où ces malheureux avaient été égorgés la veille. Reine, je ne veux
point, par mes soins défiant, jeter sur vos desseins des
yeux trop prévoyant. Voilà des enfants caressant ; on
les voit caressant leur mère. Vous avez chez vous une
jeune personne charmant. Voilà une jeune personne
charmant tous ceux qui la voient. Les flots du Gange
sont quelquefois retentissant comme les feux roulants de
la foudre. Nous avons des avocats consultant et des gens
consultant peu leurs intérêts.

7e. Cette personne est contrariant, contrariant même
ses meilleurs amis. Je sais une nouvelle désespérant pour
lui et désespérant toute sa famille. Voilà une personne
éblouissant de blancheur et une lumière éblouissant la
vue. Que de faibles entraînés ! que d'ames chancelant
revenues dans le devoir ! Je me borne à l'examen de ces
usages étonnant aujourd'hui pour nous. Des bruits affreux, étonnant les plus intrépides, circulent aujourd'hui
dans nos contrées. Tous ces objets sont vingt fois répétés
dans des trumeaux tout brillant de clarté.

47ᵉ LEÇON.

DU PARTICIPE PASSÉ JOINT AU VERBE ÊTRE.

162. Le participe passé joint au verbe *être* forme, comme nous l'avons dit, le verbe d'*état* ou *passif* : il s'accorde en genre et en nombre avec son sujet. Ex. :

Le *fer* est *émoussé*, les *bûchers* SONT ÉTEINTS. (VOLTAIRE.)

L'*innocence* et la *vertu* SONT souvent OPPRIMÉES. (BOISTE.)

Ce père *est aimé*.	Cette mère *est aimée*.
Tes frères *sont satisfaits*.	Tes sœurs *sont satisfaites*.

Le sujet peut quelquefois se trouver après le participe ; mais cela ne change rien à l'accord. Ex. :

Au bas de la montagne était *située* ma MAISON.

Quand il vit l'urne où étaient *renfermées* les CENDRES de son frère Hippias, il versa un torrent de larmes. (Fénelon.)

48ᵉ LEÇON.

DU PARTICIPE PASSÉ JOINT AU VERBE AVOIR.

163. Le participe passé accompagné du verbe *avoir* ne s'accorde jamais avec son sujet.

Il reste invariable, 1° lorsqu'il n'a point de complément direct; 2° lorsque ce complément se trouve placé après lui. Ex. :

Nos cousines ont *lu*; elles auraient *chanté*; elles nous ont *écrit*. Mes frères ont *chassé*. Vous auriez *admiré*; elles auront *compris*.

Les participes *lu, chanté, écrit, chassé, admiré, compris*, sont invariables, parce qu'ils n'ont pas de complément direct.

La *discorde* a *toujours* RÉGNÉ dans l'univers. (LA FONTAINE.)

Mes cousines ont *lu* une fable ; elles auraient *chanté* une ariette; elles nous ont *écrit* une lettre. Mes frères ont *chassé* un cerf. Vous aviez *admiré* ces tableaux, elles auront *compris* mes raisons.

Les mêmes participes *lu, chanté, écrit*, etc., sont encore invariables, parce qu'ils sont placés avant leurs

compléments directs *fable, ariette, lettre, cerf, tableau,*
raisons.

La *République* a *appelé* tous ses enfants à la défense de [la]
patrie.

164. Le participe, joint au verbe *avoir*, varie seulement lorsque son complément direct se trouve plac[é]
avant lui : il en prend le genre et le nombre. Ex. :

Les lettres que tu m'as *écrites*, les cousines les ont *lue*[s]
avant l'ariette qu'elles ont *chantée*. La biche que t[es]
frères ont *chassée* a été tuée ; elle était fort belle, nou[s]
l'avons *admirée*. Nos raisons, les avez-vous *comprises*[?]

Ici les mêmes participes ont varié : *écrites* est au fém[i]-
nin et au pluriel; parce qu'il s'accorde avec son compl[é]-
ment direct *que*, qui représente *lettres*, féminin pluri[el].
Même raisonnement pour les participes *chantée*, *chas*-
sée, *admirée*, *comprises*. Le participe *tuée* est joint a[u]
verbe *être*, et il s'accorde par conséquent avec le su[jet]
biche.

Quelle GUERRE *intestine* AVEZ-VOUS ALLUMÉE!
Les meilleures harangues sont celles QUE *le cœur a* DICTÉES.
Le bruit de nos trésors LES *a tous* ATTIRÉS.   (RACINE.)

EXERCICES SUR LES PARTICIPES.

PREMIER EXERCICE. La cérémonie a commencé d[e]
bonne heure. Ces femmes ont parlé longtemps ; elle[s]
ont été surpris dans leur conversation. Les brebis qu[i]
ont bêlé étaient arrivé du Berri. Les jeunes personne[s]
qui ont si bien récité leur leçon, ont charmé tous l[es]
auditeurs, qui les ont admiré. Ces livres sont intéres[s]
sants, de qui les avez-vous reçu? Les fleurs que je vou[s]
ai envoyé, et qui maintenant sont fané, étaient jolie[s].
Ces orateurs ont parlé, et les cœurs se sont attendri. C'e[st]
une pièce que j'ai lu et que j'ai vivement applaudi.
Mes plumes étaient taillé, et je les ai perdu.

2e. Les hommes qui ont le plus vécu ne sont pas ceu[x]
qui ont compté le plus d'années ; mais ceux qui ont [le]
mieux usé de celles que le ciel leur a départi ; car la v[ie]
ne consiste pas tant dans le nombre des années qu[i]
sont compris, que dans le bon usage qu'on en fait. Sa[-]
vez-vous les dangers que votre sœur a couru, et ave[c]

quel courage elle les a bravé? Vos cousines nous ont paru disposé à composer sur l'histoire; elles l'ont étudié avec fruit. Les écoliers qui ont pleuré aujourd'hui parce que le maître les a puni, sont ceux que vous avez trouvé hier courant les champs.

3°. Cette pièce que j'ai faite, vous l'avez vu sans doute. Comment l'avez-vous trouvé? Julie a récité la fable que tu lui as appris, elle l'a très bien récité. Les personnes qui ont fondé cette société savante ont bien mérité de la patrie. Les marchandises que j'avais acheté pour vous, vous me les avez laissé; et celles que vous m'avez pris, vous les avez payé moins cher qu'elles ne m'ont coûté. Les étoffes que ce marchand a acheté sont jolies, elles ont semblé telles à toutes les personnes qui les ont vu. Nous avions égaré nos livres, mais nous les avons retrouvé.

4°. Les plumes que vous m'avez livré n'ont paru belles à personne. Les graines de fleurs que j'avais acheté et que j'avais semé dans mon jardin n'ont pas levé. La maison que ce maçon a bâti vient d'être vendu ; la personne qui l'a acquis est bien fâché d'avoir contracté ce marché. Les services que ma fille a reçu de vous, madame, l'ont pénétré de reconnaissance. Elle n'oubliera jamais la grâce que vous avez mis à l'obliger. Cette grâce si exquise l'a charmé encore plus que les services. Cette vallée est très embellie, nous en avons admiré les riches prairies.

5°. Ma petite sœur a répété fort bien la prière qu'elle avait appris, et elle a reçu des félicitations que M. le curé lui a adressé. Les étrennes que nous avons offert à notre grand'mère lui ont beaucoup plu. Les fleurs que nous avons cueilli ont servi à parer l'autel. Vous auriez réussi dans les entreprises que vous avez fait, si vous aviez eu les sommes qu'on vous avait promis. Ces malheureux ont langui longtemps dans les prisons où on les a renfermé. Des lois sages ont assuré le repos de tous les citoyens. Ces fruits que tu as mangé verts t'ont causé les douleurs que tu as souffert. Les raisons que tu as développé nous ont convaincu.

6°. La grêle a ravagé toutes les terres que nous avons ensemencé : nous les avions bien fumé, nous y avions semé des graines rares. Tu nous a plaint, mon ami, mais combien de maux n'avons-nous pas éprouvé! Nous avons supporté la faim et la soif; nous avons manqué de vêtements pour nous couvrir dans les plus grands froids. Ces malheureux n'ont pas redouté la mort, ils n'ont pas été effrayé de la voir arriver; ils l'ont souffert avec résignation, après avoir invoqué Dieu pour obtenir le pardon des fautes qu'ils avaient commis. Les conséquences que vous avez déduit du principe sont justes. L'empire eut à réparer les maux qu'avait causé la royauté.

7°. Nous avons acheté cette maison et nous y avons fait les réparations que nous a indiqué notre architecte. Nous y avons employé tous les matériaux d'une vieille maison que nous avions démoli. Voilà la terre que j'ai acquis de ton père; je la lui ai payé comptant. Tu n'as pas répondu à la lettre que ton frère t'avait écrit; cependant tu l'as reçue : il t'avait adressé diverses questions que tu n'as sans doute pas compris; pourquoi n'es-tu pas venu me trouver? je te les aurais expliqué. Les olives que nous avons récolté sont toutes gâté; nous les avions cependant cueilli et rentré dans la bonne saison. Le mérite de son style tient aux progrès qu'a fait la société en France. Messieurs, c'est l'exercice et la sobriété qui vous ont rendu robustes.

8°. Où sont les fleurs que t'avaient offert tes frères? les as-tu accepté pour les laisser faner? Les peuples devraient avoir la tyrannie en horreur, car elle a causé tous leurs maux. Les promesses que le gouvernement a fait au nom de la liberté seront toutes réalisé. Quels dangers n'a pas couru la France pendant la tempête de vingt ans qu'elle a essuyé! La prévoyance et la dignité ont tracé la route qu'a suivi notre belle patrie. La froideur qu'avaient témoigné nos juges déconcertait nos vues.

> Ses regards, il est vrai, n'étaient point enflammé
> Du courroux dont souvent je les ai vus armé.
> La Grèce en ma faveur est trop inquiété;
> De soins plus importants je l'ai crue agité.

9°. Nous aurons bientôt terminé toutes les opération, que nous avons entrepris; dès que nous les aurons faits nous nous rendrons chez vous. Nous sommes étonné des choses qu'on nous a dite; nous les avions cru impossibles, nous ne sommes pas encore bien revenu de notre étonnement. Que de fleurs j'ai planté dans mon jardin! Que de peines m'a donné ce travail! Que de moments précieux j'ai perdu! encore si je les avais rattrapé depuis!

10°. Ma sœur a passé deux heures à jouer, elle les aurait beaucoup mieux employé à l'étude. Les heures qu'on a perdu au jeu ne sont jamais recouvré. Je rends justice à vos intentions, que j'avais mal interprété. Cet homme nous a bien servi, aussi il nous a intéressé. En nous promenant hier dans les Tuileries, nous avons reconnu nos cousins, nous les avons appelé, nous leur avons parlé; ils nous ont rendu les livres que nous leur avions prêté.

11°. Nous avons retardé l'horloge que tu as monté. Ta sœur t'a apporté les dessins que tu lui as demandé. Avez-vous oublié les règles de la grammaire que vous aviez appris? Que de peines vous avez eu pour les apprendre! Il ne suffit pas d'acquérir des connaissances, il faut encore que les connaissances qu'on a acquis tournent au profit de la vertu. Il y a peu de choses difficiles que l'habitude ne rende aisé.

49ᵉ LEÇON.

PARTICIPES SUIVIS D'UN INFINITIF.

La femme que j'ai *entendue* CHANTER.

165. RAISONNEMENT. Qu'est-ce que j'ai entendu? 1ʳᵉ rép., la *femme;* 2ᵉ rép., *chanter.* On voit que, pour les participes suivis d'un infinitif, la question *qu'est-ce que* amène deux réponses. Alors on fait du résultat de la première réponse, qui est toujours un substantif, le sujet d'une nouvelle question, et l'on dit : *est-ce la femme qui faisait l'action de chanter?* OUI; dans ce cas, *accord.*

166. Nous avons vu que tous les verbes des quatre conjugaisons expriment des actions; or, *si l'action qu'exprime l'infinitif est faite par le substantif ou le pronom placé avant le verbe*, il y a *accord*; dans le cas contraire, le participe reste invariable. Ex. :

La personne que j'ai *vue* ÉCRIRE.

L'action qu'exprime l'infinitif *écrire* est-elle faite par la personne? OUI; *accord*. Dans ce cas, le *que* relatif est le complément direct du participe.

Les enfants que j'ai *vus* COURIR.

Etaient-ce les enfants qui faisaient l'action exprimée par l'infinitif *courir?* OUI; *accord*.

Les plantes que j'ai *laissées* CROÎTRE.

Etaient-ce les plantes qui faisaient l'action exprimée par l'infinitif *croître?* OUI; *accord*.

La romance que j'ai *vu* ÉCRIRE et que j'ai *entendu* CHANTER.

Etait-ce là romance qui faisait l'action d'*écrire* et de *chanter?* NON; point d'*accord*. Dans ce cas, le *que* qui précède le participe est le complément de l'infinitif, et non du participe.

Participes variables, parce que l'action qu'exprime l'infinitif est faite par le substantif placé avant le verbe.	*Participes invariables, parce que l'action qu'exprime l'infinitif n'est pas faite par le substantif placé avant le verbe.*
La femme que j'ai *vue* PEINDRE est habile.	La femme que j'ai *vu* PEINDRE par Isabey.
L'action de peindre est faite par la femme.	L'action de peindre n'est pas faite par la femme.
Les hommes que j'ai *entendus* SE VANTER.	Les talents que j'ai *entendu* VANTER.
L'action de se vanter est faite par les hommes.	L'action de vanter n'est pas faite par les talents.
Les moutons que j'ai *laissés* PAÎTRE.	Les moutons que j'ai *laissé* ENLEVER par les loups.
L'action de paître est faite par les moutons.	L'action d'enlever n'est pas faite par les moutons.

O MA MÈRE! *que je serais heureux si le ciel t'eût* LAISSÉE *vivre!*
Vous êtes responsable des fautes que vous avez LAISSÉ *faire, pouvant les empêcher.*

C'est une personne que j'ai toujours VUE *bien agir.*
C'est une maxime que j'ai ENTENDU *citer.*

50e LEÇON.

167. L'infinitif est quelquefois sous-entendu après le participe des verbes *devoir, vouloir, pouvoir;* dans ce

cas, le participe reste invariable. Ex. : Je lui ai fait tous les reproches que j'ai *dû* (sous-entendu *lui faire*).

Nous lui avons rendu tous les services que nous avons *pu* (sous-entendu *lui rendre*).

Vous avez obtenu toutes les faveurs que vous avez *voulu* (sous-entendu *obtenir*).

168. Le participe passé du verbe *faire* (fait) suivi d'un infinitif est toujours invariable. Ex. : Voilà les arbres que nous avons *fait* PLANTER. Cette personne était malade, les remèdes qu'on lui a donnés l'ont *fait* MOURIR.

EXERCICES SUR LES PARTICIPES SUIVIS D'UN INFINITIF.

Sur les participes pu, dû, voulu, *et sur le participe* fait.

PREMIER EXERCICE. Ma jambe que j'ai senti mordre par ce chien, je l'ai senti s'engourdir à l'instant. Les personnes que j'ai entendu blâmer les autres sont celles que j'ai entendu blâmer de tout le monde. Les ruisseaux que nous avons vu couler et que nous avons vu détourner, fertilisaient ces prairies. Ma fille que j'ai envoyé chercher son frère, est celle que j'ai envoyé chercher cette semaine à sa pension. La montre que j'ai vu faire est celle que tu as vu tomber.

2e. Les personnes que nous avons vu périr s'étaient exposé imprudemment. Les meubles que vous avez laissé vendre ne sont pas ceux que vous avez laissé dépérir. Les paysages que j'ai vu calquer étaient charmants ; je les ai vu acheter par ta sœur, que j'ai vu travailler. Les arbres que j'ai laissé croître sont bien venu ; plusieurs me gênaient, je les ai fait abattre. Pour être sûr de la vérité, il faut l'avoir entendu annoncer d'une manière claire et positive. La somme qu'il avait envoyé demander lui fut prêté.

3e. Il augmenta l'autorité des lois que trop d'empereurs avaient voulu anéantir. Mes amis, où sont les fleurs que nous vous avons vu cueillir, et que vous avez laissé faner ? Les demoiselles que j'ai vu compter. Les sommes que j'ai vu compter. Les auteurs que nous avons entendu vanter ne nous ont pas semblé avoir mérité la réputation qu'ils ont acquis. La personne que tu as entendu s'applaudir n'est pas celle que tu as entendu applaudir par le public. Vous n'avez pas fait, mes amis, les démarches que vous auriez dû.

4ᵉ. Les marchandises que tu as laissé introduire sont celles que tu as laissé dépérir. Les pièces que j'ai vu jouer ont été applaudi. Les acteurs que vous àvez vu jouer étaient très médiocres. Nous avons obtenu de ce ministre toutes les faveurs que nous avons voulu. Les services que j'ai voulu vous rendre, vous les avez refusé. Que d'hommes un centenaire a vu naître et mourir ! Que de générations il a vu s'éteindre ! Oubliez les maux qu'on vous a fait souffrir.

5ᵉ. Cette femme vous aurait donné tous les secours que vous auriez voulu. Les portraits que nous avons vu dessiner étaient fort jolis. Les enfants que nous avons vu dessiner étaient déjà exercé. Les graines que vous avez fait semer sont-elles bien venues? Il a été libre de mettre à cet abandon la condition qu'il a voulu. La maison que vous avez fait bâtir est très vaste. L'histoire que j'ai entendu lire était assez intéressante.

6ᵉ. Les personnes que j'ai entendu lire m'ont fait un grand plaisir. J'ai fait à vos cousines toutes les politesses que j'ai dû. Voilà les poissons que j'ai vu pêcher. Où sont les enfants que j'ai vu pêcher ? Ce sont mes enfants qu'il vous a fait attendre. Ces malheureux se sont laissé sans défense. Mes amis, je vous ai laissé vous quereller à votre aise. Comment, messieurs, vous vous êtes laissé surprendre à de pareils discours ! L'action que j'ai entendu blâmer était louable en elle-même.

7ᵉ. Ces hommes sont méchants, je leur ai entendu blâmer leurs amis. Nos amis, vous les avez laissé sans leur envoyer les secours qu'ils vous avaient fait demander. Les blés que vous avez fait couper, je les ai vu semer. Cette personne si laborieuse rougissait de honte de s'être laissé vaincre une seule fois par la paresse. Nous avons fait près du ministre toutes les démarches que nous avons pu.

51ᵉ LEÇON.

PARTICIPE DES VERBES DITS RÉFLÉCHIS.

169. Le participe des verbes dits réfléchis est toujours précédé du verbe *être*, mais ce verbe est employé pour *avoir*.

La foule s'EST AMASSÉE autour de nous.

Ils SE SONT APERÇUS de loin.

C'est comme s'il y avait : la foule A AMASSÉ elle-même autour de nous. Ils ONT APERÇU eux-mêmes de loin. (*Voyez* les numéros 114 et 115.)

170. Le participe des verbes réfléchis s'accorde, non avec son sujet, mais avec son complément direct, quand il en est précédé. Ce participe est invariable, quand il n'a pas de complément direct, ou quand celui-ci est placé après lui. Ex. :

Ernestine s'est COUPÉE. *Coupée* est au féminin et au singulier, parce que son complément direct SE est placé avant le participe. *Elle a coupé* ELLE.

Ernestine s'est COUPÉ *le doigt. Coupé* est invariable, parce que le complément direct DOIGT est placé après le participe. *Elle a coupé* LE DOIGT *à elle*. Le pronom SE est complément indirect.

Nous nous sommes ABANDONNÉS *à la colère.* Nous avons abandonné *nous*, complément direct.

Nous nous sommes ABANDONNÉ *nos biens.* Nous avons abandonné *nos biens*, complément direct placé après le participe. Nous les avons abandonnés *à nous.* Nous pour *à nous*, complément indirect.

Nous NOUS *étions* ATTENDUS *à votre ingratitude.* (Lemare.)

Ils SE *sont* PERSUADÉS *que cela leur suffit.* (Buffon.)

Nous NOUS *sommes* MOQUÉS *de leurs menaces.* (Lesage.)

Que d'événements se sont SUCCÉDÉ ! (Voltaire.)

Elles se sont ménagé UNE ENTREVUE *où elles* SE *sont* MÉNAGÉES *mutuellement.* (Bescher.)

171. REMARQUE. Les verbes intransitifs (neutres) suivants ont toujours le participe invariable : *se plaire, se* *déplaire, se rire, se sourire, se parler* (1), *se succéder, se nuire, se suffire, se convenir, se ressembler.* La vigne s'est *plu* dans cet endroit. Ces enfants se sont *ri* de leur maître. Ils se sont *suffi* à eux-mêmes. Vous vous êtes *nui* différentes fois. Elles se sont *succédé.* Elles se sont *convenu.*

Ils se sont RI *de mes projets.* (Voltaire.)

Elle s'est PLU *à me contredire.* (Acad.)

Les poëtes épiques se sont toujours PLU *à décrire les batailles.* (Delille.)

Les grands génies se sont SURVÉCU *à eux-mêmes.* (Bourson.)

Ils se sont SUCCÉDÉ *de père en fils dans cette charge.* (Acad.)

EXERCICES SUR LES PARTICIPES DITS RÉFLÉCHIS.

PREMIER EXERCICE. Ces hommes se sont accordé une juste préférence. Nous nous sommes accordé pour louer cet excellent jeune homme. Vous vous êtes appliqué à l'étude de la géographie de l'histoire que vous aviez jusqu'alors négligé. Vous vous êtes appliqué des remèdes trop violents. Ces maîtres se sont attaché leurs élèves. Les élèves se sont attaché à leurs maîtres. Nous nous sommes bien acquitté des obligations que nous avions contracté envers vous. Les personnes oisives se sont toujours repenti de leur oisiveté.

2°. Vos parents se sont plu à nous contrarier en tout; et en cela ils se sont nui. Ces magistrats se sont relâché de leur sévérité accoutumée, et se sont plu à nous faire grâce. Les méchants qui ont été sévèrement punis se sont eux-mêmes attiré leur malheur. Ces oiseaux, par leur chant, se sont mutuellement attiré. Ces gens d'abord se sont feint innocents; ensuite ils se sont avoué coupables. Des amis qui s'étaient brouillés se sont réconciliés et se sont avoué leurs torts réciproques. Les Romains s'étaient fait à la discipline; ils s'étaient fait des lois sévères.

---

(1) On dit cependant bien : La langue qu'ils se sont *parlée*; *parlée* est alors pris dans le sens transitif.

3e. Nous nous sommes imposé des privations plus péni-bles que celles que vous vous êtes imposé. Les hommes qui se sont refusé mutuellement de se secourir se sont rendu bien malheureux par cette conduite. Vous ne sau-riez croire combien ils se sont nui. Les deux frères se sont souri et ils se sont embrassé. Ah! comment s'est éclipsé tant de gloire? Comment se sont anéanti tant de tra-vaux? Des étrangers qui s'étaient proposé pour maîtres de langues se sont proposé différentes questions. Nous nous sommes tu à l'approche d'un indiscret. Ces gens défiants se sont tu leurs affaires.

4e. Mes amis se sont vu, ils se sont parlé. Vos amis se sont soupçonné des torts; ils se sont soupçonné de tra-hison. Les personnes qui savent s'occuper se sont tou-jours suffi à elles-mêmes. Les rois qui se sont succédé ne se sont jamais ressemblé. Ces messieurs s'étaient ri de nos projets; ils s'étaient figuré que nous nous étions imprudemment hasardé à les mettre à exécution; mais ils reconnaissent qu'ils se sont trompé. Les grands génies se sont survécu à eux-mêmes. Ma tante s'est plaint de la tienne, qui s'est moqué d'elle; cependant elle s'est proposé de lui être utile.

52e LEÇON.

Du participe joint au verbe avoir précédé du pronom LE, *et du participe placé entre deux* QUE.

172. Le participe précédé du pronom LE, employé pour *ceci, cela,* est toujours invariable. Ex. :

Cette ville n'est pas aussi belle que je L'*avais* CRU. Qu'est-ce que j'avais CRU? Rép., CELA, que cette ville était plus belle qu'elle ne l'est. Je n'ai pas cru la ville, j'ai cru CELA.

Ces personnes ne sont pas aussi instruites que vous n'avez PENSÉ. Vous n'avez pas pensé *les personnes,* vous avez pensé CECI, qu'elles étaient plus instruites qu'elles ne LE sont.

Dans ces exemples, le mot LE représente une partie de phrase; et comme une partie de phrase n'a ni genre ni nombre, le participe reste invariable.

173. Le participe passé placé entre deux QUE est invariable, parce que le premier *que* est complément, non du participe, mais du verbe qui suit (1). Ex.:

La leçon QUE vous avez cru QUE j'étudierais.

Les chagrins QUE nous avions pressenti QUE vous auriez.

Qu'est-ce que vous avez cru? Rép., *que j'étudierais*; donc le complément est après le participe; donc c'est le cas ordinaire (n° 162), et par conséquent point d'accord. Vous n'avez pas cru la *leçon*, vous avez cru que *j'étudierais* la LEÇON.

Le participe des verbes impersonnels est toujours invariable. Ex.: *Les mauvais temps qu'il y a* EU. *Les chaleurs qu'il a* FAIT *cet été.* Ces phrases sont des gallicismes.

EXERCICE.

Les malheurs que j'avais prévu que vous auriez vous sont arrivé. Ces plantes ne sont pas aussi salutaires que vous nous l'aviez assuré. Nous avons désapprouvé les raisons que vous avez pensé que nous approuverions. La vertu de Caton était aussi pure qu'on l'a cru. Vous avez surmonté toutes les difficultés que vous aviez prévu que vous auriez à vaincre. Les secours que vous avez pensé que nous pourrions obtenir, nous sont échappé. La nouvelle s'est trouvé vraie, comme vous l'aviez jugé. La bataille n'a pas été telle que nous l'avions pensé. Ma mère, dites-vous, est malade: elle vous l'a paru, mais elle ne l'est pas.

53e LEÇON.

Participes précédés du mot EN *et du mot* PEU.

174. Le participe passé précédé du mot EN est invariable, quand le mot *en* est vague et indéterminé; car alors il signifie DE CELA. Ex.:

---

(1) Il faut en excepter les participes des verbes *convaincre, persuader, prévenir, avertir, assurer,* etc. Ex. : Les personnes que j'avais *convaincues* qu'elles étaient heureuses. Vos amis que j'ai *persuadés* que vous étiez mort, le croient encore.

J'ai lu plus de livres que vous n'EN AVEZ TOUCHÉ.

(C'est-à-dire que vous n'avez touché DE CELA.)

Bonaparte a remporté plus de victoires que d'autres n'EN ont LU.

(C'est-à-dire que d'autres n'ont lu DE CELA.)

Des pleurs, hélas! j'EN ai beaucoup RÉPANDU (DE CELA).

NOTA. Nous devons à M. Dessiaux les remarques suivantes sur le participe passé précédé du mot EN; comme elles viennent d'un esprit judicieux et qu'elles sont d'ailleurs en harmonie avec les faits semblables qu'on trouve dans nos grands écrivains, nous ne craignons pas de les mettre sous les yeux de nos lecteurs.

> *Et de ce peu de jours si longtemps attendus,*
> *Ah! malheureux! COMBIEN J'EN ai déjà PERDUS.* (Racine.)
> AUTANT *d'ennemis il a attaqués,* AUTANT *il en a* VAINCUS.

Dans ces phrases le pronom *en* est précédé d'un adverbe de quantité qu'il détermine, et il remplace un nom pluriel : c'est comme s'il y avait *combien de jours j'ai perdus.* Le dernier exemple prouve qu'il serait absurde de laisser le participe *vaincus* invariable, puisqu'on fait varier le participe *attaqués,* car EN, dans le second membre de cette équation grammaticale, signifie d'ennemis.

On dira sans accord : De cette eau, savez-vous *combien* il en a *bu....* On ne peut se figurer sa peine, *tant* il en a éprouvé. (J.-J. Rousseau.) Parce qu'alors le nom déterminatif de l'adverbe est singulier, et que le sens est fractionnaire.

REMARQUES. On dira : *Pour quelques instants agréables,* COMBIEN *vous vous en êtes* PRÉPARÉS *de fâcheux.* Qu'importe l'adjectif qui suit, ce sont toujours des *instants préparés.*

On dit, en parlant de confitures : COMBIEN EN *avez-vous* FAIT, et non FAITES, parce que le mot *confitures,* quoique pluriel, ne représente point des objets séparés. *Des actions, vous* EN *avez* TANT FAIT *pour le monde.* (Massillon.)

*J'ai connu l'intérieur des familles, je n'*EN *ai guère* VU *qui ne fussent plongées dans l'amertume.* (Voltaire.)

Ici l'adverbe de quantité précède immédiatement le

verbe, il n'est plus déterminé d'une manière sensible par *en*; le participe reste invariable, c'est du moins l'opinion la plus générale.

175. REMARQUE. Il ne faut pas confondre le pronom EN, signifiant DE CELA, avec le pronom personnel EN, signifiant DE LUI, D'ELLE, D'EUX, D'ELLES. On écrira : *Cette personne m'a insulté, voici la vengeance que j'*EN *ai tirée.* Ici EN est mis pour D'ELLE, de cette personne.

176. L'expression LE PEU DE a deux significations : quand elle signifie le *manque*, le *défaut* de l'objet désigné, le participe est invariable; quand elle signifie *une petite quantité qui a suffi*, le participe s'accorde avec le substantif qui suit le mot PEU, Ex. :

Le PEU de bonne conduite que ce jeune homme a MONTRÉ vous a fait lui retirer votre confiance. Ici le mot PEU signifie *le manque, le défaut de conduite.* Il a manqué de conduite, il n'en a pas montré. Ce n'est pas la conduite qui vous a fait lui retirer votre confiance, c'est le *peu*, le *manque*, le *défaut* de conduite.

Le *peu* de bonne CONDUITE que ce jeune homme a MONTRÉE lui a mérité votre confiance. Ici le mot *peu* ne signifie pas le *manque* de conduite, puisqu'il en a montré suffisamment pour mériter la confiance; dans ce cas, le participe s'accorde avec le substantif *conduite*, placé après le mot *peu*.

Quand le mot PEU est suivi d'un substantif pluriel, le participe s'accorde avec ce substantif. Ex. :

Le peu de *mots* qu'il a *prononcés*,
Le peu de *personnes* qu'il a *vues*.

EXERCICES.

PREMIER EXERCICE. Le peu de monnaie que vous m'avez donné n'a pas suffi pour payer ma dépense. Le peu de monnaie que vous m'avez donné a suffi pour payer ma dépense. Il n'est que trop vrai qu'il y a eu des anthropophages, nous en avons trouvé en Amérique. Ces méchants nous ont poursuivi, et ils s'en sont vanté publiquement. Le peu de fermeté que nous avons montré nous a perdu. Le peu de fermeté que nous avons montré nous a sauvé. J'ai vu des savants aimables, mais j'en ai trouvé de maussades. Je ne trouvai point le chateau au-dessous de la description que vous m'en aviez fait.

2°. Vous avez servi plus de viande que nous n'en avons mangé. Il écrivit lui-même des choses plus ingénieuses pour le conseil que l'archiduc n'en avait prononcé contre les Espagnols. Soyez poli envers tout le monde ; car il n'est personne qui ne s'offense du peu de politesse qu'on lui a montré. Ne pas écrire correctement, c'est dévoiler le peu d'éducation qu'on a reçu. Votre mère était sérieusement malade ; le peu de soins que vous lui avez donné l'ont rappelé à la vie. Tout le monde m'a offert des services, et personne ne m'en a rendu. On y ajouta les frais de la peur qu'on en avait conçu. Le peu d'instruction que ces hommes ont reçu les a fait tomber dans mille erreurs.

QUESTIONS SUR LES PARTICIPES.

Qu'est-ce que le participe ? 156.—Combien y a-t-il de sortes de participes ? 157.— Qu'est-ce que le participe présent ? 158.—Ne peut-on pas confondre le participe présent avec l'adjectif verbal ? 159. — Quelle remarque avez-vous à faire sur le participe présent ? 160.— Comment reconnaît-on le participe présent ? 161.—N'a-t-on pas encore un autre moyen de le reconnaître?- -Comment s'accorde le participe passé joint au verbe *être* ? 162.—Comment s'accorde le participe passé joint au verbe *avoir* ? 163. — Quand le participe joint au verbe *avoir* varie-t-il? 164.— Comment s'accorde le participe lorsqu'il est suivi d'un infinitif, comme dans cette phrase : *La femme que j'ai* ENTENDUE *chanter* ? 165. — Qu'avez-vous à remarquer sur les participes passés suivis d'un infinitif sans préposition? 166. — Quelles remarques avez-vous à faire sur les participes des verbes *devoir, pouvoir* et *vouloir* ? 167.—Quelle remarque avez-vous à faire sur le participe passé *fait*, suivi d'un infinitif? 168. — Quelle remarque avez-vous à faire sur le participe des verbes dits réfléchis? 169. — Comment s'accorde ce participe ? 170. — Quelle remarque avez-vous à faire sur les participes de certains verbes réfléchis, comme *plu, déplu, ri, souri, parlé, succédé, nui, suffi, convenu, ressemblé* ? 171. — Comment s'accorde le participe précédé du mot *le* employé pour *ceci, cela* ? 172. — Comment s'accorde le participe placé entre deux *que* ? 173.— N'y a-t-il pas des exceptions? — Comment s'accorde le participe précédé du mot *en* signifiant *de cela* ? 174. — Comment s'accorde-t-il quand le mot *en* est précédé d'un adverbe de quantité qu'il détermine? — Comment doit-on écrire le participe dans cette phrase : *Cette personne m'a insulté, voici la vengeance que j'*EN *ai tirée* ? 175.—Quelles remarques avez-vous à faire sur le participe précédé de *le peu de?* 176. — Quelle remarque avez-vous à faire sur les participes *coûté* et *valu?* (Page 97, renvois 1 et 2.) — Quelle remarque avez-vous à faire sur les participes *régné, fumé, pleuré, duré,* etc. ? (Page 97.)

RÉCAPITULATION *sur les Verbes et sur les Participes* (1).

EXERCICES.

PREMIER EXERCICE. Une personne vivant dans la pratique de la vertu est toujours aimé et estimé de ceux dont elle est connu. Les ennemis, profitant des ténèbres de la nuit, ont pénétré dans la ville ; ils ont pillé et incendié nos maisons. Avez-vous vu ma sœur? Les nouvelles qu'elle a reçu l'ont profondément affligé. La maison que j'ai vu bâtir est menacé d'une prompte ruine. Quelle belle armée nous avons vu marcher à l'ennemi ! Que de revers elle a essuyé ! Les moutons que vous avez laissé paître et ceux que vous avez laissé enlever m'appartiennent.

2ᵉ. Voilà des circonstances aggravant le délit. La mer était violemment agité, les flots étaient soulevé. La fortune est changeant ; celui qui a compté sur les faveurs qu'elle lui a fait espérer l'a toujours trouvé infidèle. Nous avons reçu vos lettres décacheté, nous ne les avons point ouvert. Ses talents modestes lui ont valu de grands éloges. Les grands éloges que lui ont valu ses talents modestes. Les pleurs que tu as laissé échapper ne nous ont point attendri. Les arbres que tu as fait abattre ont été vendu.

> Les soldats à ses pieds étendu et mourant,
> Le mettaient à l'abri de leurs corps expirant.

3ᵉ. Ni soupirs ni prières n'ont ému son cœur. Les lettres qu'a reçu Ernest étaient affranchi. Quand il fut premier ministre, il trouva la France triomphant par la valeur du grand Condé. Voici des tableaux qui nous ont paru charmants, et des vers qui nous ont semblé

---

(1) On trouvera dans notre *Grammaire des Écoles supérieures* un Traité complet sur les plus grandes difficultés des participes. Un fort vol. in-12. Prix : 1 fr. 75 c. A la Librairie de LANGLOIS ET LECLERCQ, rue des Mathurins-saint-Jacques, 10.

admirables. Les arbustes que vous aviez planté ont péri faute de soins. Ma fille était indisposé, je l'ai envoyé se coucher.

4°. Ces ouvrages sont bons, aussi je vous les ai donné à lire. Vous avez rendu à votre ami tous les services que vous avez pu. Ce sont des terrains mobiles et peu consistant. Nous avons vendu des propriétés consistaut en prés, en vignes et en bois. Mes frères se sont proposé de vous rendre visite aujourd'hui; ils se sont proposé pour vous accompagner. Ces jeunes gens se sont moqué de vos avis; ils se sont conduit de la manière la plus imprudente.

5°. Les cartons que j'ai ordonné qu'on m'apportât ici pour les examiner sont disparu. Vous avez trouvé l'étude plus intéressante que vous ne vous l'étiez imaginé. Ces deux hommes se sont maltraité réciproquement; les injures qu'ils se sont adressé étaient bien grossières : tout le monde les a blâmé. Les troupes qu'on a contraint de partir, et qu'on a forcé de se battre, se sont retiré dans la citadelle. Les trois cents francs que cet ouvrage nous a coûté (1) ont été mal employé. Les années que nous avons vécu (2) dans la misère nous ont bien affligé.

6°. L'idée de la nature déclinant efface tout notre plaisir. On voyait l'aiguille déclinant vers le sud. Voici deux vers qu'une dame a écrit :

> Dans le sein paternel je me vis rappelé;
> Un malheur inouï m'en avait exilé.

Les orgueilleux se sont dit capables de faire des prodiges, mais ils n'en ont pas fait. Les banquiers que j'ai vu compter de l'argent sont demeuré surpris des sommes qu'ils ont eu à payer. La somme que j'ai vu compter

____

(1) Plusieurs grammairiens et nos bons auteurs n'ont pas craint de faire varier les participes *coûté* et *valu*, au sens propre comme au sens figuré. Comment, en effet, ne pas faire varier le participe dans cette phrase, qui réunit les deux sens : *Les trois mille francs et les peines que mon jardin m'a coûtés ?*

(2) Les participes passés des verbes intransitifs suivants : *vécu, régné, fumé, hâté, langui, pleuré, duré, plu, déplu, ri, souri, survécu,* etc., sont toujours invariables. Cependant on écrit bien : *Les amis que j'ai pleurés,* dans le sens de *regretter.*

était bien insuffisant. Nous avons entendu les bombes éclatant avec un horrible fracas.

7°. Le sage trouve la vertu éclatant d'attraits. Mes fils ne sont pas chez moi, je les avais envoyé cueillir des fruits, et depuis je les ai envoyé chercher par ma servante, qui ne les a pas trouvé. Les présents que j'ai vu refuser étaient peu dignes d'être offerts. La personne que j'ai entendu lire était doué du plus bel organe. Nos jardins sont plus beaux que vous ne l'aviez pensé, je les ai fait cultiver par un habile jardinier. Le peu d'ardeur que vous avez montré vous a nui.

8°. Vous devez augmenter le peu d'ardeur que vous avez montré. Mesdemoiselles, où sont les pages que je vous ai vu écrire et les fables que je vous ai entendu réciter? Nous avons mangé plus de pêches que vous n'en avez récolté. Si ces fleurs m'avaient appartenu, j'en aurais beaucoup cueilli. Vous connaissez mon pays, voici les nouvelles qu'on m'en a apporté. Les moutons que j'ai trouvé manquer dans ma bergerie se sont laissé emporter par les loups. On attribuera notre retard aux pluies qu'il a fait, aux froids qu'il y a eu et aux orages qui se sont succédé.

9°. Ces maisons de commerce que j'ai vu se former ont acquis un degré d'accroissement dont je ne les aurais pas cru susceptibles. Souviens-toi que tous les jours que tu auras vécu sans avoir fait quelque bonne action sont des jours entièrement perdus. Ces contrées sont plus peuplé que vous ne l'aviez cru. Vos sœurs se sont trouvé les premières arrivé à l'église; elles se sont montré fort pieuses. On les a offert pour modèles à toutes les jeunes filles de la paroisse, qui se sont promis de les imiter.

10°. Les soldats qu'on a laissé sortir de la ville se sont laissé surprendre par les ennemis. La lionne qu'on a laissé échapper, et qui a passé par ici, a laissé de sanglantes marques de son passage; on l'a poursuivi, mais inutilement : elle a échappé à toutes les poursuites qu'on a dirigé contre elle; enfin elle est échappé. Les personnes modestes ont toujours demandé de n'être point loué; mais la récompense de leur modestie a toujours été de n'avoir point obtenu la chose qu'elles avaient demandé. Nous avons admiré votre fermeté ; combien vous en avez déployé dans cette circonstance difficile !

11ᵉ. Abimeleck fit à Sara d'aussi beaux présents qu'elle en avait reçu du roi d'Égypte. Les difficultés que nous nous étions proposé de résoudre, nous ont effrayé. Les pluies qu'il y a eu nous ont empêché de faire autant de parties de chasse que nous en aurions fait. Quelles sont, mes enfants, les occupations que vous avez eu? Quelles sont les leçons que vous avez appris? Où sont les livres que j'ai envoyé chercher? Les actions d'éclat qu'ont fait nos soldats leur ont mérité la reconnaissance de la patrie.

12ᵉ. Les jours que j'ai passé à la campagne m'ont paru des minutes. Les historiens se sont plu à débiter bien des erreurs. Les personnes que j'ai vu périr s'étaient exposé imprudemment. Ici sont des infortunés palpitants immobiles au milieu des flammes. Ici sont des infortunés palpitant encore sous les ruines. Les lapins que nous avons lâché dans les garennes s'y sont tellement plu, qu'ils y ont multiplié prodigieusement. Les nouvelles qu'on m'avait garanti vraies sont démenti aujourd'hui par les personnes même qui les ont fait circuler.

13ᵉ. Les arbres que j'ai négligé de faire tailler dans la saison ont tellement dépéri, que je les ai cru morts. Ceux qui se sont prêté aux propositions coupables que leur ont fait des hommes injustes, se sont toujours repenti de s'y être prêté. Cet enduit forme une pâte molle, mais solide et résistant au feu. La ville de Véies, résistant à toutes les forces romaines, fut surpris plutôt que vaincu. Une femme s'est présenté à la porte, je l'ai fait entrer.

14ᵉ. La force des circonstances les a fait admettre dans notre entreprise. Les inspecteurs sont venu, je les ai laissé feuilleter mes livres. Toutes les nuits que votre mère a pleuré et soupiré lui ont paru des siècles. Voilà les raisons qu'on avait prévu qu'il alléguerait. La lettre que j'avais prévu que vous allégueriez est enfin arrivé; l'avez-vous lu? Aimez toujours vos parents; souvenez-vous des peines qu'ils ont eu à vous élever. Le peu d'aptitude que nous lui avons trouvé pour les sciences abstraites, et le peu de confiance qu'il nous a témoigné, nous ont décidé à interrompre nos leçons.

15°. Le peu d'amis que j'ai rencontré m'ont rendu tous les services qu'ils ont pu. Les champs qui nous ont vu naître et que nous avons vu cultiver, sont devenu l'affreux théâtre de la guerre. Cette faveur est plus grande que je ne l'avais espéré. Cet endroit n'est peuplé que de bons paysans et de quelques bourgeois vivant de leur fortune.

> Dans les plis du cerveau, la mémoire habitant,
> Y peint de la nature une image vivant.

16°. Les plantes qu'a rafraîchi la rosée du matin brillent encore des pleurs que l'aurore a laissé échapper. La gelée qu'il y a eu au printemps a détruit plus de bourgeons qu'elle n'en a laissé. Je le remercie des honneurs que sa protection m'a valu. J'avais deux filles, je les ai fait religieuses. Puisque votre fils est arrivé de l'armée, dites-nous les nouvelles qu'il en a apporté. Voilà des jardins qu'on nous a laissé à soigner, et des marais qu'on nous a donné à dessécher.

17°. Toutes les affaires que ma sœur a eu à traiter à Paris, et que mon oncle m'avait laissé arranger, étant terminé, elle s'en est allé. Rien n'égale l'aspect des sites charmants qui bordent le rivage verdoyant de la fontaine de Vaucluse. Les bords riant sont couverts de plantes odorantes naissant au milieu des ronces rampant, et embellis d'arbrisseaux croissant au milieu d'une verdure éclatant de fraîcheur.

18°. Les règles que nous a donné notre professeur pour étudier la langue grecque, sont bien raisonné. La méthode que nous a prescrit ce savant grammairien est claire et à la portée de l'enfance. Les élèves qu'on a vu abuser des bontés de leur maître se sont repenti plus tard de cette conduite inconséquente. Mon fils, je vous interdis la compagnie de ces paresseux que je vous ai entendu louer et que je vous ai vu trop souvent fréquenter.

19°. L'histoire de la Chine, que vous nous avez conseillé de lire, nous a beaucoup intéressé. Mon fils, voilà une histoire que j'ai pensé que tu avais lu. Ma fille me disait : Les nouvelles que j'ai su que vous aviez annoncé à mon oncle m'ont surpris. Les livres que vous avez laissé lire à ces jeunes personnes leur ont rempli l'imagination d'idées frivoles, et les ont détourné des occupations sérieuses qui leur étaient imposé. Nous avons donné à ces élèves plus de couronnes que nous ne leur en avions promis ; c'est qu'ils en ont mérité plus que nous n'en avions annoncé. Il était bien juste que les récompenses fussent proportionné aux progrès qu'ils ont fait.

20°. Voilà des demoiselles qui ne sont pas aussi instruites que nous l'avions cru. Votre mère s'est laissé tromper ; elle a vendu sa maison, et la somme qu'elle en a tiré n'égale pas les dépenses qu'elle avait fait pour l'embellir. Les questions que nous avons décidé qu'on traiterait sont des questions qu'on a déjà traité au moyen-âge ; mais depuis ce temps les savants ne s'en étaient pas occupé ; ils les avaient laissé tomber dans l'oubli le plus profond. Nous avons pensé qu'elles méritaient d'en être retiré, et vous penserez sans doute comme nous quand vous les aurez examiné.

21°. Je serais riche si j'avais les sommes que ce domaine vous a coûté. Julie serait bien plus instruit, si elle avait pu travailler pendant les heures qu'elle a dormi. Les reproches que ma conduite m'a valu me déchirent le cœur. Tu prétends que les précautions que j'ai cru prendre sont vaines ; j'ai pourtant employé tous les moyens que j'ai pu pour qu'elles ne soient pas dépourvu de succès. Mes sœurs étaient parti, je les ai rejoint ; c'est en vain qu'elles couraient, je les ai bientôt atteint, et elles se sont en un instant vu dépasser.

22°. Les perdrix qu'Ernest avait promis de nous envoyer ne sont pas encore arrivé ; je les ai désiré assez longtemps, et j'ai résolu de ne plus attendre et de ne plus me fier aux promesses auxquelles vous m'aviez si bien recommandé de ne pas croire. Les Athéniens se sont trouvé asservi sans s'en être aperçu. Le peu d'égards que vous avez montré pour ce vieillard m'a donné une mauvaise opinion de votre caractère.

23°. Combien de fois ne vous ai-je pas blâmé, mesdemoiselles, du peu d'attention que vous avez apporté à vos devoirs ! Nous ne nous sommes pas laissé intimider par la crainte des châtiments dont on nous a menacé. Que de soins m'a coûté l'affaire que j'ai entrepris et que j'ai si mal terminé! Les fidèles qu'on a contraint de renoncer à la religion chrétienne, se sont ensuite laissé mourir de désespoir, à cause de la promesse qu'ils avaient fait d'abjurer une religion qu'ils avaient juré de signer de leur sang.

24e. Les trois mois qu'a duré ma correspondance avec ma sœur se sont bientôt écoulé. Ma ferme ne vaut plus les cinquante mille francs qu'elle a valu. Cette pièce est une des meilleures comédies que j'ai lu. C'est l'aîné de mes fils qu'on a applaudi à la distribution des prix à cause des nombreux succès qu'il a obtenu. Messieurs, les traductions que je vous ai vu faire sont excellentes.

25e. L'hospice des Quinze-Vingts est une des plus belles fondations qu'ait enfanté le règne de saint Louis. Nous nous sommes proposé de présenter les changements que le temps et la volonté des hommes ont amené. Pourquoi la perte douloureuse que vous avez eu à déplorer nous a-t-elle privé de la satisfaction que nous aurions eu de vous posséder pendant quelque temps? Je lui parlerai des moments agréables que nous avons passé ensemble ; des peines que son entreprise m'a coûté, et des risques que j'ai couru pour lui.

26e. Nous avons laissé à nos fermiers le peu de légumes que nous avons récolté cette année. Les frais de transport qu'ils nous eussent coûté auraient plus qu'excédé la valeur que nous en eussions retiré, si nous les eussions fait vendre, ainsi que vous nous y aviez engagé. Le peu de fortune que j'ai acquis, je ne l'ai amassé qu'au prix des dangers que j'ai couru et des privations sans nombre que je me suis imposé.

27e. Les personnes que vous aviez convaincu que nous étions parti le croient bien. Cette maison n'est pas aussi vieille que je l'avais d'abord cru. Je me souviens moins des sommes que m'ont coûté vos folies, que des inquiétudes et des chagrins que j'en ai ressenti. Quand les registres ont été consulté, il s'est trouvé que les sommes qu'on avait prétendu que nous devions avaient été payé.

28e. Les grandes chaleurs qu'il y a eu au mois de mai ont grillé plus de boutons qu'elles n'en ont laissé. A en juger par les témoignages de douleur qu'elle a fait éclater, nous nous étions persuadé qu'elle se serait laissé succomber à son chagrin. Les livres que je vous ai assuré avoir lu ne sont pas ceux que vous m'avez défendu de lire. Nous nous sommes laissé intimider par les menaces que nous ont fait les voleurs qui nous ont arrêté.

29ᵉ. Nous les avons laissé nous débiter tous les mensonges qu'ils ont voulu ; mais nous nous sommes imposé la loi de ne pas croire aux récits qu'ils nous ont fait. Les idées que vous avez essayé de reproduire sont bien celles que j'ai vu exprimé dans les vers que vous avez voulu imiter. Les affaires que vous avez voulu que nous fissions n'ont pas tourné aussi heureusement que vous nous aviez assuré qu'elles tourneraient : elles ont échoué complétement.

30ᵉ. Toutes les années que l'empereur a régné sur la France ont été signalé par des guerres qui ont porté au plus haut degré la gloire militaire de la nation ; mais cette gloire a été acheté trop cher. Nous nous sommes imaginé que vous possédiez tous les talents que vous nous aviez annoncé. Ces conquérants s'étaient déclaré les maîtres absolus de tous les peuples qu'ils avaient courbé sous leur joug. Ces peuples se sont affranchi. Nos amis se sont laissé soupçonner d'une faute qu'ils ne se sont jamais proposé de commettre.

31ᵉ. Le peu de bienveillance que l'on vous a témoigné vous a rendu mélancolique. Le peu de bienveillance que j'ai éprouvé pendant les trois mois que j'ai vécu dans ce pays, m'engage à n'y pas rester. Les paysages qu'ils ont commencé à dessiner ne sont pas ceux que je leur avais conseillé de choisir. Ce château ne vaut plus aujourd'hui les deux cent mille francs qu'il a coûté ; il les aurait toujours valu si vous n'aviez pas vendu la métairie qui en est dépendant. Je tiens cette nouvelle d'un de vos amis que j'ai rencontré ce matin. La chimie est une des sciences que le besoin du commerce a le plus répandu.

32ᵉ. Ces élèves se sont aidé dans les difficultés qu'ils ont eu à surmonter, et dans les questions qu'on leur a donné à résoudre. Le peu d'assiduité que vous avez apporté à faire vos devoirs me force à vous faire des reproches. Je ne suis pas satisfait du peu d'attention que vous avez apporté à faire vos devoirs. Je ne vous ai vu ni vous ni votre sœur, pendant les deux mois que j'ai séjourné dans cette ville. Je me suis désabusé des illusions que je m'étais fait dans ma jeunesse, et j'ai reconnu que la félicité que j'avais cherché aveuglément dans les plaisirs qui m'étaient offert par un monde trompeur, n'a jamais existé que dans l'accomplissement des devoirs qui nous sont imposé par la religion. Cette religion sainte, qui ne semble occupé qu'à faire notre bonheur dans le ciel, le fait encore sur la terre.

33e. Télémaque s'avança vers ces rois qui étaient dans des bocages odoriférant, toujours renaissant et fleuri. Mille petits ruisseaux d'une onde pure, arrosant ces beaux lieux, y faisaient sentir une délicieuse fraîcheur. souvent les empires furent averti par le ciel des troubles préparés par les méchants, des guerres qui furent fomenté. Les élèves que l'on a vu abuser de la bonté de leur maître se sont toujours repenti de cette conduite inconséquente. Les dangers que ma mère a couru dans son voyage l'ont beaucoup effrayé; elle n'avait jamais couru d'aussi grands dangers. Les enfants que j'avais persuadé qu'ils devaient étudier m'ont paru dociles.

34e. Ces dames se sont beaucoup ressemblé; si elles s'étaient connu, elles se seraient fait un devoir de s'aimer. J'ai adressé à ma tante des vers que j'ai fait pour sa fête; elle les a reçu avec la satisfaction que j'avais prévu qu'elle aurait à les recevoir. J'avais trois sœurs, on les a fait ursulines. Les dons patriotiques que les citoyens ont fait à la nation sont abondants. Les démarches que m'a coûté ce procès sont sans nombre. Les plaideurs se trouvent toujours exposé à plus de désagréments que je ne l'avais pensé. Je suis aujourd'hui convaincu que si leurs affaires pouvaient être arrangé à l'amiable, au lieu d'être porté devant les tribunaux, il y aurait double profit pour eux.

35e. Les vers charmants que j'ai entendu déclamer chez votre ami sont ceux que j'ai vu écrire sur votre bureau, et que j'ai vu imprimer cette semaine. Les châtiments que Tibère et Néron ont ordonné d'infliger aux chrétiens ont été inouï. Une jeune personne brillant par ses qualités est préférable à une jeune personne brillant d'attraits et de fraîcheur. Les bonnes œuvres qu'auront fait les hommes ne seront jamais perdu pour eux. Cette personne s'est cassé le bras en se battant avec une autre qui a eu un œil crevé. Toutes deux sont maintenant bien fâchées d'une dispute qui les a rendu l'une manchote et l'autre borgne. Jamais la guerre ne s'est fait avec tant d'acharnement ; elle est beaucoup plus terrible que nous ne nous l'étions imaginé.

36e. Vos parentes, qu'on avait accusé injustement, furent reconnu innocentes. Mes amis, les tableaux que je vous ai vu peindre ont été exposé au Louvre ; le ministre les aurait acheté, si vous aviez voulu les lui vendre. Jamais les comètes flamboyant n'avaient annoncé aussi fréquemment la colère des dieux. Vaincu par des tyrans et exposé à leurs coups cruels, ces peuples allèrent habiter d'autres contrées. J'ai vu des mères pâles et tremblant de frayeur au seul mot de guerre qu'elles ont entendu prononcer.

37e. Toute la nature s'est couvert à l'instant d'un voile plein d'horreur. Cette douce paix, sans laquelle l'ame demeure toujours serré et flétri au milieu des délices, l'avez-vous jamais senti? Agité sans cesse par de nouveaux désirs et ne pouvant y satisfaire, mes amis se sont désespéré. La douce paix dont nous avons joui n'a pas duré longtemps. Les cent mille francs que m'ont coûté ma maison de campagne et mon parc furent trouvé dans ce souterrain. Les peines que m'a coûté ce procès ne seront jamais apprécié. Cette forêt ne vaut plus les cent mille écus qu'elle a autrefois valu. Calculez les maux que votre imprudence vous a valu, et vous comprendrez combien d'avantages sont attaché à la prudence.

38e. Votre sœur que j'ai vu peindre travaillait très bien et imitait parfaitement l'original. Votre mère que j'ai vu peindre n'est pas ressemblant. Les gravures que nous a offert cet artiste étaient charmantes, je les ai trouvé supérieures à celles que nous ont présenté les élèves de l'école de peinture, et qui vous ont paru si belles. Cet homme regrettait les années qu'il avait vécu, et surtout celles qu'il a passé dans l'oisiveté. La langue grecque, que vous vous êtes rendu familière, est moins difficile que vous ne l'aviez pensé. Les propriétés de mes ancêtres étaient immenses ; mon père m'en avait donné de bien belles ; les valeurs que j'en ai retiré sont considérables.

39ᵉ. Pour réussir dans cette affaire, il faut vous y prendre de la manière que je vous ai prescrit. La disette qu'il y a eu en Russie en 1833 était bien grande. Votre tante est plus douce que vous ne vous l'étiez imaginé ; l'indulgence qu'elle a eu pour vous prouve qu'elle est toujours la même que je l'ai connu. Charmante ville, je me l'étais représenté consumé par le feu ! Le peu d'éducation que vous avez reçu a suffi pour vous faire aimer dans cette maison hospitalière. On attribue son renvoi au peu d'aptitude qu'il a apporté à ses devoirs. Ces élèves étaient indiscipliné, je les ai exhorté à se bien conduire.

40ᵉ. Cent ans d'oisiveté ne valent pas une heure qu'on a su bien employer. Au pied de la statue était assis une femme pâle et tremblant. Que de têtes on a abattu pendant l'année qu'a duré l'horrible anarchie ! Les personnes qu'il a rencontré et qu'il a tâché d'endoctriner se sont ri de lui ; elles se sont ennuyé et déplu à ses conférences. Les mauvaises habitudes que vous avez laissé prendre à ma fille l'ont dégoûté du travail. Votre sœur était malade, et vous l'avez laissé mourir. Les marchandises que vous avez laissé dépérir dans votre magasin ne sont pas celles que vous aviez laissé vendre.

41ᵉ. La Providence n'a jamais laissé jouir les méchants avec sécurité de biens qu'ils s'étaient procuré par la fraude. Ces hommes se sont laissé battre sans se défendre. Souvent l'impiété s'est creusé elle-même un abîme sans fond où elle s'est précipité sans espérance. Philosophes insensés ! quelle est donc cette justice dont vous vous êtes tant vanté ? Vous vous êtes plu dans votre prétendue sagesse, et elle vous a perdu. Les froids qu'il a fait, au printemps dernier, ont beaucoup nui aux fleurs, et ont fait périr plus de bourgeons qu'ils n'en ont épargné. Cette apparence de vertu par laquelle les hommes s'étaient laissé séduire, et que vous avez cru vous-même que les dieux récompenseraient, va être confondue.

42e. Apprenez que la véritable vertu n'est pas, comme vous l'avez cru, celle qui a pour motif une vaine ostentation, mais celle qui a son principe dans le respect et l'amour de Dieu. Les règles de grammaire que vous m'avez ordonné de suivre ne m'ont pas paru très exactes; celles que mon nouveau maître m'a engagé à adopter me semblent meilleures. Votre tante a été vivement blessé du peu de confiance que vous avez eu dans son amitié. Les chagrins que nous avions prévu que la conduite de cet enfant vous donnerait, nous ont forcé à vous taire une circonstance affligeante que nous avons cru que vous deviez ignorer.

43e. Madame, vos ingrates amies se sont complu à vous nuire; elles se sont souri en voyant réussir les complots qu'elles avaient tramé contre vous, et elles s'en sont réjoui; mais vous avez supporté avec courage les maux qu'elles vous ont fait; vous ne vous en êtes pas plaint; vous vous êtes résigné à la volonté de Dieu. Le peu d'application que tu as montré t'a attiré la punition que tu as eu. L'application que tu as mis à tes devoirs t'a valu les encouragements qu'on t'a donné. Les neiges qu'il y a eu cette année ont été prodigieuses. Les froids qu'il a fait ont été très vifs. Mon père est parti aussitôt que l'affaire qu'il a eu avec vous a été terminé.

44e. Vos sœurs sont arrivé à la ville, je les ai engagé à venir nous voir. Les livres que tu t'es procuré, les as-tu perdu? Mes amis, je vous ai prêté plus de volumes que vous ne m'en avez rendu. Vous avez fait des démarches imprudentes; voyez quelles conséquences elles ont eu! Les chagrins qu'ont éprouvé vos parents, quand ils se sont aperçu de la folle conduite que vous avez tenu, ont été bien cuisant. Que de nuits ils ont passé à pleurer et à gémir! Maintenant que la sagesse vous est revenue, leur affliction s'est changé en joie. D'où sont né les difficultés que vous avez trouvé à la traduction que je vous ai donné à faire, si ce n'est du peu d'application que vous y avez apporté?

45e. Voilà la personne que vous avez soupçonné que je haïssais, et que vous n'avez pas voulu que je visse. Il n'a plus des jugements des hommes l'opinion qu'il en avait conçu. Louis XI eut tout le temps de détester sa perfidie, et de reconnaître que le peu de prudence qu'il avait eu l'avait précipité dans les fers. La tour qu'il apercevait de ses fenêtres lui rappelait les jours que Charles-le-Simple avait vécu dans cette prison. Ces généraux se sont laissé entraîner par leur ardeur ; malgré la défense qu'on leur avait entendu faire plusieurs fois d'aller plus avant, ils ont continué à poursuivre les fuyards. Ce peu de religion que cette femme avait conservé dans son cœur l'a rappelé à ses devoirs. Ces élèves se félicitent de ne pas s'être laissé rebuter par les difficultés qu'ils ont eu à vaincre.

46e. Cette maison que nous avons laissé dépérir ne vaut plus les sommes qu'elle nous a coûté et qu'elle aurait toujours valu sans notre négligence. Général, vous avez moins de soldats qu'on n'en avait appelé, et cependant vous avez gagné plus de batailles que vous n'en aviez espéré. Les sages discussions qu'il y a eu cette année dans les différentes académies nous ont vivement intéressé ; on les a trouvé plus sérieuses qu'on ne s'y était attendu. Les pluies continuelles qu'il a fait en 1833 ont causé toutes les maladies qu'il y a eu au printemps suivant.

47e. Je me rappellerai toujours les malheurs que cette imprudence m'a coûté et les disgrâces qu'elle m'a valu. Louis IX, que sa sagesse avait fait choisir pour arbitre par Henri III et par les barons, leur a rendu la justice qu'ils en avaient attendu. Le peu de jours qu'il a vécu dans les fers lui ont été plus glorieux qu'on ne l'aurait jamais cru. C'est un de mes plus beaux livres que vous avez choisi. L'après-midi, à la vérité, vous a semblé fort long ; moi, je l'ai trouvé court. Les Polonais se sont trouvé asservi par la trahison. Les actes de poursuite qu'on a exercé contre lui seront déclaré nuls. La foule de curieux que nous avons aperçu s'est peu à peu dissipé.

48e. C'est un des plus jolis rêves que j'aie fait. Ces jeunes gens se sont déplu dans notre société, ils se sont ri de nos conseils, et ont senti le besoin de nous quitter. Je tiens cette comédie une des plus plaisantes que l'auteur ait inventé. Je regrette les oiseaux que vous avez laissé manger par le chat ; si vous les eussiez laissé s'envoler, ils existeraient encore. Ces hommes sont des bavards, nous les avons laissé nous conter toutes les histoires qu'ils ont voulu; mais nous nous sommes imposé la loi de ne plus nous exposer à être étourdis par leur caquet. Combien de fois ne vous ai-je pas blâmé, Henriette et Julie! du peu d'attention que vous avez apporté à vos devoirs,

49°. Je tiens cette fâcheuse nouvelle d'une de vos sœurs que j'ai rencontré ce matin; elle s'est plu à me la raconter. Vos enfants sont admirables, les petits dessins que je leur ai vu faire ce matin prouvent qu'ils ont déjà du goût pour la peinture; qu'ont-ils fait des jouets que nous leur avons vu entre les mains et de ceux que nous avons entendu dire qu'on leur a acheté? Les crimes contre la liberté sont affreux, et cependant nous les avons vu se reproduire et se succéder fréquemment depuis quelques années. L'aquarelle qu'ils ont commencé à copier n'est pas celle que je leur avais conseillé de choisir. Je vis des serpents rampant autour de moi; ce sont des animaux rampant qu'il faut éviter.

50°. Les maximes que je vous ai entendu réciter sont bien bonnes; quel est le maître qui vous les a enseigné? Mes amis, les pommes que je vous ai donné à manger étaient vertes, dites-vous, cependant je les ai cru mûres. Voilà, mes bons amis, où les ont conduit les mauvaises sociétés qu'ils ont fréquenté et les habitudes vicieuses qu'ils y ont puisé. Nous nous sommes trop facilement laissé allé à l'émotion que nous a fait éprouver le tableau des infortunes qu'on nous a mis sous les yeux. Il y a certaines ames que Dieu a créé pour être maîtresses des autres. Il a vu disparaître cette foule de flatteurs que la fortune avait formé autour de lui. Le peu de sûreté que j'ai vu pour votre personne à traverser cette forêt, m'a fait vous engager à coucher ici.

51°. Le joueur n'est jamais assez épouvanté des pertes que lui a coûté sa folle passion. Les fièvres qui ont toujours régné dans cette île et les autres maladies qu'il y a eu, ont empêché d'y établir des colonies. Combien de personnes se sont repenti d'avoir mal employé les années qu'elles ont vécu! Ces deux personnes qu'on nous a représenté lié d'une étroite amitié, ne se sont jamais ressemblé. Plus ce voyageur a rencontré d'obstacles dans les pays qu'il s'était proposé de parcourir, plus il en a surmonté. Voilà la paix dont mes parents ont joui pendant les années qu'ils ont vécu. Son visage était pâle et sévère, ses yeux creux et étincelant.

52e. Entraîné par le torrent, cette femme célèbre se trouva, malgré elle, hors de la route qu'elle avait résolu de suivre. Trois fils de Catherine de Médicis se sont succédé sur le trône. Les participes que je vous ai dit s'accorder sont précisément ceux qu'on vous avait dit être invariables. Souvenez-vous que tous les participes que vous trouverez précédé de leur complément direct doivent en prendre le genre et le nombre, à moins que le complément ne soit représenté par *le* tenant la place de *cela* ou par *en*.

SECONDE PARTIE.

54e LEÇON.

REMARQUES SUR CHAQUE PARTIE DU DISCOURS.

DU SUBSTANTIF.

177. Certains substantifs ne s'emploient que rarement au pluriel, comme l'*or*, l'*argent*, la *prudence*, la *justice*, le *zèle*, la *santé*, la *faim*, la *soif*, la *charité*, la *vie*, l'*enfance*, l'*innocence*, la *jeunesse*, la *vieillesse*. On dit cependant : des *ors* pâles, des *fers* cassants, des *aciers* fameux, des *amitiés*, des *bontés*, des *charités*, etc. Alors ils sont considérés comme noms communs.

178. Les substantifs tirés des langues étrangères ne prennent pas la marque du pluriel; on écrit : des *pater*, des *ave*, des *te deum*, des *exeat*, etc. Cependant on écrit bien avec un *s* des *bravos*, des *numéros*, des *débets*, des *opéras*, etc., parce que ces mots sont fréquemment employés.

179. Certains substantifs, comme *vêpres*, *complies*, *ténèbres*, *funérailles*, *broussailles*, etc., n'ont pas de singulier.

180. Il y a des substantifs qui s'emploient pour les deux genres (1).

---

(1) Toute cette question *du genre* est sujette à de nombreuses ex-

AIDE est du féminin quand il signifie *assistance ;* il est du masculin dans *aide de camp, aide de cuisine.*

AIGLE est du masculin lorsqu'il désigne le mâle de l'oiseau de proie, ou, au figuré, un homme de génie : *L'aigle audacieux.*

Aigle est féminin quand il désigne la femelle de l'oiseau : *L'aigle est furieuse lorsqu'on lui ravit ses aiglons.* (Buffon.)

Il est encore féminin quand il signifie *enseignes militaires :* Les *aigles romaines.*

AMOUR, ORGUE et DÉLICE sont du masculin au singulier, et du féminin au pluriel.

Amours au pluriel est masculin, quand il signifie les petits génies qui servent d'emblèmes dans les arts; *Tous ces amours sont bien groupés.* (Girault-Duvivier.)

Les poëtes font souvent ce mot masculin ou féminin, selon le besoin.

COUPLE, signifiant le nombre DEUX, est du fém. : Il a mangé UNE couple de pigeons pour son déjeuner. Mais quand le mot *couple* signifie le mâle et la femelle, il est masculin : Il a peuplé sa volière avec UN couple de pigeons.

ENFANT est du masculin quand il désigne un petit garçon; il est féminin quand il désigne une petite fille.

GENS veut l'adjectif qui le suit au masculin, et l'adjectif qui le précède au féminin : *des gens instruits, de bonnes gens.* Le déterminatif *tout* fait exception ; il se met au masculin lorsqu'il précède le mot *gens* avec un adjectif de tout genre : *tous les braves, tous les honnétes gens;* mais on dirait : *toutes les méchantes gens.* (Voyez notre grammaire des écoles supérieures.)

Il y a beaucoup d'autres substantifs des deux genres, soit avec la même acception, soit avec des acceptions différentes, tels sont : *fourbe, garde, foudre, hymne,*

---

ceptions. Nous croyons devoir renvoyer nos lecteurs à notre *Grammaire des Écoles supérieures,* où nous avons traité plus amplement cette importante question. Voyez aussi la THÉORIE DU GENRE DES NOMS de M. EDOUARD BRACONNIER, si justement estimée de tous les grammairiens.

(1) Auteur, soldat, professeur, philosophe, poëte, témoin, chef, etc., sont masculins même quand ils désignent une femme.

jujube, réglisse, œuvre, office, pâque, parallèle, période, personne, sentinelle, trompette, voile, etc.

181. Un nom propre ne prend pas la marque du pluriel : les deux *Corneille*, les deux *Racine*. Mais si le nom propre est employé pour désigner toutes les personnes qui peuvent ressembler à ces grands hommes, il prend la marque du pluriel : *la France eut ses Césars, ses Plines*, etc., c'est-à-dire des hommes semblables à *César*, à *Pline*.

Quand on dit :

Heureux mille fois
L'enfant que le SEIGNEUR *rend docile à ses lois,*

ici *Seigneur*, signifiant seulement *Dieu*, est un *nom propre*. Mais quand on dit : *Tout bourgeois veut bâtir comme les* GRANDS SEIGNEURS : dans ce cas, *seigneur* désigne tous les individus de la même classe appelés *grands seigneurs*. Ce mot est donc un *nom commun*. D'où l'on doit conclure qu'un *nom propre* peut devenir un *nom commun*, et réciproquement.

55ᵉ LEÇON.

DES SUBSTANTIFS COMPOSÉS.

182. Lorsqu'un substantif composé est formé de deux *substantifs* unis par un trait d'union, ces substantifs prennent la marque du pluriel. Ex. : *un chef-lieu, des chefs-lieux, un chien-loup, des chiens-loups.*

183. Lorsqu'un substantif composé est formé de deux substantifs unis par une préposition, le premier des deux substantifs prend seul la marque du pluriel. Ex. : *des becs-de-canne, des chefs-d'œuvre.*

184. Lorsqu'un substantif composé est formé d'un substantif et d'un adjectif, ils prennent tous les deux la marque du pluriel. Ex. : *des petits-pâtés, des bouts-rimés.*

185. Lorsqu'un substantif composé est formé d'un substantif et d'un verbe, ou d'une préposition, ou d'un adverbe, le substantif seul prend la marque du pluriel. Ex. : *un avant-coureur, des avant-coureurs, une arrière-saison, des arrière-saisons*, etc.

186. E{{xceptions}}. On écrit : un *essuie-mains*, des *essuie-mains* ; un *cure-dents*, des *cure-dents* ; un *entre-côtes*, des *entre-côtes* ; un *porte-clefs*, des *porte-clefs*. Un *essuie-mains*, c'est-à-dire qui *essuie les mains* ; un *cure-dents*, c'est-à-dire qui sert *à curer les dents*. On écrit aussi : un ou des *serre-tête*, un ou des *réveille-matin*, c'est-à-dire qui *serre la tête*, qui *réveille le matin* ; des *coq-à-l'âne*, des *pied-à-terre*, des *tête-à-tête*, des *grand'mères*, des *grand'messes*, des *hôtels-dieu*, des *prie-dieu*, des *porte-drapeau*. Un *becfigue* est un oiseau qui béquette les *figues*, des *becfigues* ; un *rouge-gorge*, les *rouge-gorge* sont des oiseaux qui ont la *gorge rouge* (1).

56ᵉ LEÇON.

DE LA DÉRIVATION DES MOTS.

187. Le meilleur moyen de bien écrire les substantifs et les adjectifs, c'est de consulter la dérivation des mots.

On écrit *parfum* avec un *m*, parce que ce mot fait {{parfumerie}} ; on écrit *bord* avec un *d*, parce qu'il fait {{border}} ; *plomb* avec un *b*, parce qu'il fait {{plomberie}} ; *enfant* avec un *t*, parce qu'il fait {{enfantin}} ; *grand* avec un *d*, parce qu'il fait {{grandeur}} ; *tapis* avec un *s*, parce qu'il fait {{tapissier}}, {{tapisserie}}.

On écrit :

Abricot avec un *t*,	parce qu'il fait	abricotier.
Arlequin avec un *n*,	————————	arlequinade.
Bavard avec un *d*,	————————	bavarder.
Blond avec un *d*,	————————	blonde.
Bois avec un *s*,	————————	boiserie.
Camp avec un *p*,	————————	camper.
Clou avec un *u*,	————————	clouer.
Chaud avec un *d*,	————————	chaude.
Ceint avec un *t*,	————————	ceinture.
Cinq avec un *q*,	————————	cinquième.
Saint avec un *t*,	————————	sainte.
Sain avec un *n*,	————————	saine.

---

(1) L'Académie écrit : un *becfigue*, des *becfigues* ; un *rouge-gorge*, des *rouges-gorges*.

On écrit :

Cent avec un *t*,	parce qu'il fait	centième.
Compte avec *mpte*,	———————	compter.
Comte avec *mte*,	———————	comté.
Conte avec *nte*,	———————	conter.
Concert avec un *t*,	———————	concerter.
Dard avec un *d*,	———————	darder.
Début avec un *t*,	———————	débuter.
Echafaud avec un *d*,	———————	échafauder.
Epais avec un *s*,	———————	épaisse.
Exquis avec un *s*,	———————	exquise.
Faim avec un *m*,	———————	famine.
Fin avec un *n*,	———————	finir.
Fruit avec un *t*,	———————	fruitier.
Fusil avec un *l*,	———————	fusiller.
Galop avec un *p*,	———————	galopper.
Goût avec un *t*,	———————	goûter.
Importun avec un *n*,	———————	importuner.
Inquiet avec un *t*,	———————	inquiéter.
Long avec un *g*,	———————	longue.
Main avec un *n*,	———————	manier.
Nom avec un *m*,	———————	nommer.
Pain avec un *n*,	———————	panade.
Perclus avec un *s*,	———————	percluse.
Prudent avec un *t*,	———————	prudente.
Récit avec un *t*,	———————	réciter.
Repos avec un *s*,	———————	reposer.
Salue avec un *e*,	———————	saluer.
Salut avec un *t*,	———————	salutation.
Sang avec un *g*,	———————	sanguin.
Sens avec un *s*,	———————	sensé.
Serein avec un *n*,	———————	sérénité.
Sourcil avec un *l*,	———————	sourciller.
Tard avec un *d*,	———————	tarder.
Toit avec un *t*,	———————	toiture.
Vert avec un *t*,	———————	verte.
Vin avec un *n*,	———————	vineux.
Vingt avec *gt*,	———————	vingtième.

57ᵉ LEÇON.

188. Les substantifs terminés en *eur*, masculins ou féminins, s'écrivent sans *e* final. Ecrivez une *odeur*, une *rougeur*, une *pudeur*, une *fleur*, etc.

EXCEPTIONS. *Heure* et *demeure* prennent un *e* muet; *beurre*, *leurre* (appât trompeur) et *feurre* (paille pour les chaises), s'écrivent avec deux *r* et prennent un *e* muet.

189. Les substantifs féminins terminés en *té*, comme *célérité*, *vérité*, *liberté*, la *cité*, etc., n'ont qu'un *é*. Mais ceux qui expriment un contenu, comme une *hottée*, une *brouettée*; ou qui sont formés sur le participe d'un verbe en *er*, comme une *dictée*, une *portée*; ou bien encore qui sont dérivés d'un substantif, comme une *plumée*, une *soirée*, une *année*, qui viennent de *plume*, *soir*, *an*, prennent deux *e*; le premier prend l'accent aigu.

Il y a quelques substantifs masculins terminés par deux *ée*, comme *apogée*, *coryphée*, *camée*, *empyrée*, *lycée*, *musée*, *périgée*, *cétacée*, etc.

190. Les substantifs masculins terminés en *ir*, comme *visir*, *décemvir*, *déplaisir*, *nadir*, *élixir*, etc., ne prennent pas un *e* muet, excepté *délire*, *empire*, *messire*, *pire*, *navire*, *porphyre*, le *rire*, le *sourire*, *cachemire*, *martyre* (tourment), *un satyre*, *sbire*, *vampire*, *zéphire* (sans article).

58ᵉ LEÇON.

Certains substantifs se terminent en OIR *et d'autres en* OIRE.

191. Les substantifs masculins se terminent en *oir* quand on peut changer OIR en ANT : *étouffoir*, *reposoir*, *comptoir*, *dévidoir*, *lavoir*, *frottoir*, etc., se terminent par *oir*, parce qu'on peut dire *étouffant*, *reposant*, *comptant*, *dévidant*, etc.

EXCEPTIONS. *Aspersoir*, *dortoir*, *drageoir*, *manoir*, *soir*, *ostensoir*, *boudoir*, *espoir*, s'écrivent par *oir*, quoiqu'on ne puisse pas dire *aspersant*, *dortant*, etc.

Ecrivez par *oire* tous les substantifs masculins qui ne peuvent devenir participes présents par le changement de *oir* en *ant*, comme *auditoire*, *ciboire*, *directoire*, *conservatoire ;* on ne pourrait pas dire : *auditant, cibant, directant, conservatant.* Pourtant écrivez par *oire, compulsoire, consistoire* et *grimoire,* quoiqu'on dise bien *compulsant, consistant, grimant.* Ecrivez par *oire* les substantifs féminins *armoire, écumoire, baignoire,* etc. Ecrivez encore par *oire* tous les adjectifs, soit masculins, soit féminins, comme *illusoire, mérisoire, notoire, provisoire,* etc., excepté *noir* quand il est masculin.

59ᵉ LEÇON.

Substantifs terminés en TION, SION, XION, CION (1).

192. Il y a 1191 mots dans la langue française qui finissent par le son de SION : 1072 environ s'écrivent par TION, 105 par SION, 11 par XION, et 3 par CION. Ecrivez généralement par TION tous les mots qui, avant la syllabe TION, ont une des lettres du mot OCCUPAI. J'écris *émotion* par TION, parce que la syllabe TION est précédée de *o,* première lettre du mot OCCUPAI ; j'écris *action* par TION, parce que TION est précédé de *c,* seconde lettre du mot OCCUPAI ; j'écris *locution* par TION, parce que cette dernière syllabe est précédée de *u,* quatrième lettre du mot OCCUPAI. Ecrivez encore par TION les mots qui, avant la syllabe TION, ont un *n* ou un *r,* comme *attention, prétention, désertion, insertion.* Les 105 mots qui s'écrivent par SION n'ont jamais avant la finale SION une des lettres du mot OCCUPAI ; ainsi j'écris *pension* par SION, parce que la syllabe SION n'est pas précédée d'une des lettres du mot OCCUPAI ; il en est de même de *convulsion, discussion, conversion,* etc.

Les mots en XION sont : *annexion, complexion, connexion, flexion, fluxion,* et leurs dérivés. Les mots en CION sont : *cion* (terme de marine), *scion* (rejeton), *suspicion.*

---

(1) Cette règle, comme toutes les autres qu'on peut donner sur la terminaison des substantifs, n'est pas sans quelques légères exceptions ; mais elle a l'avantage d'embrasser la presque totalité de ces mots, et c'est beaucoup.

60ᵉ LEÇON.

DES SUBSTANTIFS COLLECTIFS.

193. On appelle *substantif collectif* celui qui exprime la *collection* ou la *réunion* de plusieurs objets, comme *peuple*, *armée*, *forêt*, *la plupart*, *une infinité*, *une multitude*, etc.

194. On divise les collectifs en *généraux* et en *partitifs*. Le collectif *général* est celui qui énonce *l'universalité des objets*, comme *le peuple*, *l'armée*. Le collectif *partitif* est celui qui désigne *un nombre tiré d'un plus grand nombre*, comme *la plupart de*, *une infinité de*.

195. L'adjectif, le pronom et le verbe s'accordent toujours avec le collectif *général*, et non avec le substantif qui suit. EXEMPLE : *L'armée des ennemis* A ÉTÉ MISE *en déroute*; MISE s'accorde avec *armée*, et non avec *ennemis*. *Ce troupeau de bœufs* APPARTIENT *à ce fermier*; APPARTIENT s'accorde avec *troupeau*, et non avec *bœufs*. Le collectif *général* est ordinairement précédé d'un de ces mots : *le*, *la*, *ce*, *cet*, *mon*, *ton*.

196. Quand le collectif *partitif* est suivi d'un substantif *pluriel*, l'adjectif, le pronom et le verbe s'accordent avec ce substantif. Ex. : *Une foule de séditieux* ENTOURAIENT *le sénat*; *entouraient* s'accorde avec *séditieux*. Mais l'adjectif, le pronom et le verbe restent au singulier, si le collectif partitif est suivi d'un substantif singulier. Ex. : *Une infinité de monde* PARLE *mal*.

61ᵉ LEÇON.

197. L'emploi du nombre du substantif après une préposition est une des plus grandes difficultés de notre langue.

Quand deux substantifs sont unis par la préposition *de*, le second se met au singulier, si l'objet qu'il désigne n'entre que comme *matière composante*. Ainsi on écrira :

Gelée de GROSEILLE, *gelée de* POMME, parce que la groseille, la pomme n'entrent que comme *matière composante*, leur forme première a disparu; ce sont des mots purement déterminatifs.

198. Si, au contraire, les mêmes fruits conservaient leur forme primitive, qu'on les comptât, pour ainsi dire, il faudrait mettre le second substantif au pluriel, parce que l'idée de nombre serait jointe à l'idée de détermination ; ainsi on écrirait :

Compote de POMMES, *ratafia de* CERISES, *d'*ABRICOTS, *confitures de* PRUNES.

Nous avons donné un grand développement à cette règle et à celle des substantifs unis par *à, par, sans, en,* etc., dans notre *Grammaire des écoles supérieures.*

QUESTIONS SUR LE SUBSTANTIF.

(Seconde partie.)

Dit-on les *ors,* les *argents,* les *charités,* les *innocences,* etc.? 177. —Les substantifs tirés des langues étrangères, comme les *pater,* les *ave,* les *quiproquo,* etc., prennent-ils la marque du pluriel? 178.— N'avons-nous pas des substantifs qui ne s'emploient pas au singulier? 179. — De quel genre sont les substantifs *aigle, amour, orgue, délice, couple,* etc.? 180. — De quel genre est le mot *gens?* — De quel genre est le mot *foudre? hymne? réglisse? œuvre? office?* etc. — Les noms propres prennent-ils la marque du pluriel? 181.— Le nom propre ne peut-il pas devenir nom commun?—Comment s'écrivent les substantifs composés formés de deux substantifs unis par le trait d'union? 182. — Comment s'écrivent ceux formés de deux substantifs unis par une préposition? 183. — Comment s'écrivent ceux formés d'un substantif et d'un adjectif? 184. — Comment s'écrivent ceux formés d'un substantif et d'un verbe, ou d'une préposition, ou d'un adverbe? 185. — Comment doit-on écrire un ou des *essuie-mains,* un ou des *cure-dents?* 186.—Comment doit-on écrire un *bec-figues?* des *tête-à-tête?* — Pourquoi écrit-on *parfum* avec un *m? bois* avec un *s? plomb* avec un *b? camp* avec un *p?* etc. 187. — Comment s'écrivent les substantifs terminés en *eur,* comme *pudeur?* 188.—Quelles sont les exceptions?—Comment s'écrivent les substantifs terminés en *té,* comme *cité, célérité?* 189. — N'y a-t-il pas des substantifs masculins terminés par deux *e,* comme *apogée?*— Quelle remarque avez-vous à faire sur les substantifs terminés par *ir,* comme *elixir?* 190. — Quelles remarques avez-vous à faire sur les substantifs terminés par *oir,* comme *étouffoir,* ou par *oire,* comme *ciboire?* 191.— Quelles remarques avez-vous à faire sur les substantifs terminés par *tion,* comme *action,* ou par *sion,* comme *pension,* ou par *xion,* comme *fluxion,* ou par *cion?* etc. 192.—Qu'est-ce que le substantif collectif? 193.— Comment divise-t-on les substantifs collectifs ? 194.— Comment s'accordent l'adjectif, le pronom et le verbe, quand le collectif est général? 195. — Comment s'accordent l'adjectif, le pronom et le verbe, quand le collectif est partitif? 196. — Comment s'accorde le substantif placé après une préposition, comme *gelée* DE *groseille*, *compote* DE *pommes* ? 197, 198.

62ᵉ LEÇON.

DE L'ARTICLE.

199. On répète l'article, ou les équivalents de l'article, avant chaque substantif exprimé ou sous-entendu et avant chaque adjectif qui ne qualifie pas un seul et même substantif; ainsi dites : L'*ancien et* LE *nouveau continent*, SON *père et* SA *mère*, *j'ai lu* LE XIVᵉ *et* LE XVᵉ *livre*, etc. L'usage permet cependant de dire : LES *père et mère*, LES *parrain et marraine* (Acad.), et nos grands écrivains eux-mêmes imitent l'usage; Châteaubriand a dit :

Dans LES *sixième, septième, huitième et neuvième siècles.*

Les philosophes anciens et modernes. (Buffon.)

Les oiseaux mâles et femelles. (Bernardin de Saint-Pierre.)

L'Académie elle-même n'écrit-elle pas : *des mots grecs et latins ?*

200. On supprime l'article avant un adjectif suivi d'un nom pris dans un sens partitif : *Je mange* DE *bon pain, vous possédez* D'*excellentes qualités, je fréquente* DE *bonnes sociétés.*

Mais si l'adjectif et le nom partitif qui suit ont ensemble le sens d'un nom composé, on doit employer l'article : *Il dit* DES *bons-mots, j'ai mangé* DES *petits-pois,* DES *petits-pâtés, voilà* DES *jeunes-gens.*

On emploie encore l'article quand on veut fixer particulièrement l'attention sur le substantif et lui donner un sens précis et déterminé. *Voilà* DE *la vraie poésie; j'ai* DU *bon tabac.*

On remplace encore l'article par le mot *de* quand le substantif est précédé d'un collectif ou d'un adverbe de quantité, ou qu'il est complément direct d'un verbe accompagné d'une négation.

Mais si le substantif est déterminé par les mots qui suivent, on emploie l'article.

SANS ARTICLE.	AVEC L'ARTICLE.
Je connais beaucoup DE personnes ici.	*Je connais beaucoup DES personnes que vous m'avez montrées.*
Je ne vous donnerai pas DE fleurs. (Girault-Duvivier.)	*Je ne vous ferai point DES reproches frivoles.*

201. Quand la proposition est négative ou interrogative, on emploie ou l'on supprime l'article, selon le sens *partitif* ou *négatif* que l'on veut exprimer. Ex. :

N'avez-vous pas DU pain?   *N'avez-vous point DE pain?*
N'avez-vous pas DES enfants?   *N'avez-vous point D'enfants?*

Après l'adverbe *bien*, on emploie toujours l'article BIEN *du plaisir;* BIEN *des braves gens.*

202. Quand *le plus, le mieux* ou *le moins*, placé avant un adjectif, est employé dans un sens absolu, l'article *le* reste invariable. Ex. :

C'était, de tous mes enfants, CELLE *que j'ai toujours* LE *plus aimée.* (Racine.)

Le roi dont la mémoire est LE *plus vénérée.* (Volt.)

Ce sont les livres que j'ai LE *plus consultés.* (Acad.)

Mais on dit, pour marquer un rapport de comparaison : LES *plus beaux jours de l'année. Ce sont* LES *plus belles fleurs de mon jardin. Cette pièce est* LA *plus sévèrement jugée,* c'est-à-dire, jugée plus sévèrement que les autres. C'est le superlatif relatif.

63e LEÇON.

MON, MA, MES, SON, SA, SES, NOTRE, VOTRE, LEUR,
CHACUN, AUCUN, NUL.

203. Les adjectifs possessifs, *mon, ma, mes, son, sa, ses, leur,* doivent être remplacés par les articles *le, la, les,* quand il est clairement indiqué à qui appartient l'objet dont on parle, ou quand ils sont suivis d'une proposition qui en tient lieu. Ne dites donc pas : *j'ai mal à* MA *tête; vous vous êtes cassé* VOTRE *bras; je tiendrai*

MA *parole que je vous ai donnée.* Dites : j'ai *mal à* LA *tête.* JE indique suffisamment que c'est à la tête de *moi* que j'ai mal. *Vous vous êtes cassé* LE *bras ; vous* indique suffisamment que c'est *le bras de vous* que vous avez cassé. *Je tiendrai la parole que je vous ai donnée.*

204. Mais dites : je vois que *ma jambe* enfle ; car, si vous disiez : je vois que *la jambe* enfle, on ne saurait si c'est votre jambe qui enfle ou celle d'un autre.

205. CHAQUE veut généralement un substantif après lui. CHACUN s'emploie sans substantif. Ne dites pas : Ces livres coûtent deux francs *chaque ;* dites, deux francs CHACUN (1).

206. NUL et AUCUN excluent toute idée de pluralité. Ex. : J'ai vu beaucoup de tableaux, *aucun* d'eux ne me *tente. Nul* bien sans mal, *nul* plaisir sans peine (2).

Cependant on écrira : *Nuls pleurs* n'*arrosent* sa tombe ; parce qu'*aucun* et *nul* adoptent le pluriel quand ils sont suivis d'un substantif qui n'a pas de singulier.

64ᵉ LEÇON.

SON, SA, SES, LEUR, LEURS.

207. Les adjectifs possessifs, *son, sa, ses, leur, leurs,* ne s'emploient, pour les noms des choses, que quand l'objet possesseur est sujet de la même proposition où se trouve l'objet possédé. On dit bien : Chaque *âge* a *ses* plaisirs, *son* esprit et *ses* peines, parce que *plaisirs, esprit* et *peines,* qui sont les objets possédés, sont dans la même proposition que l'objet possesseur, *âge.* Mais, quand *son, sa, ses, leur,* ne sont pas exprimés dans la même proposition que l'objet possesseur, il faut les remplacer par un des articles *le, la, les,* et le pronom *en.* Ne dites donc pas : *La patience est amère,* SON *fruit est doux ;* ai : *Nourri dans le sérail, je connais* SES *détours :* car *son* e rapporte à *patience,* qui n'est pas dans la même pro-

---

(1) Nos grands écrivains ont souvent enfreint cette règle : *Salomon avait douze mille écuries de dix chevaux chaque.* (Guénée.)

(2) Cependant plusieurs de nos bons écrivains ont employé ces mots au pluriel. Ex. : Ils n'ont *nulles provisions, nuls vivres.* (Fontenelle.) Il n'a fait *aucuns préparatifs.* (Acad.)

position que *fruit;* et *ses* se rapporte à *sérail,* qui n'est pas dans la même proposition que *détours.* Dites : *La patience* est amère, *le* fruit *en* est doux ; Nourri dans *le* sérail, *j'en* connais les détours (1).

Ne dites pas non plus : Etudiez les langues anciennes, apprenez à connaître *leurs* beautés; dites : Etudiez les langues anciennes, apprenez à *en* connaître *les* beautés.

208. Pourtant on emploie bien *son, sa, ses, leur,* pour des noms de choses, quand ces noms sont précédés de la préposition *de.* Ex.: Ce fleuve est rapide, la profondeur de *son* lit est remarquable.

Remarque. On emploie bien *son, sa, ses,* quand l'objet possédé est le sujet d'un verbe qui marque une action. Ex.: *Ces arbres sont bien exposés; mais* leurs *fruits ne mûrissent pas.* L'objet possédé *fruits* est sujet du verbe d'action *mûrissent.*

QUESTIONS SUR L'ARTICLE. (*Seconde partie.*)

Quand faut-il répéter l'article ou les équivalents ? 199. — L'usage et nos bons auteurs ne permettent-ils pas de s'exprimer autrement ? — Quand faut-il supprimer l'article ? 200. — Quelles sont les exceptions ? —Doit-on dire : *Je ne vous donnerai pas* DE *fleurs* OU DES *fleurs ?* — Quand faut-il employer ou supprimer l'article selon le sens de la proposition ? 201. — Quelle remarque avez-vous à faire sur *le plus, le mieux, le moins ?* 202. Quand doit-on remplacer *mon, ma, mes, son, sa, ses, leurs,* etc., par l'article *le, la, les ?* 203. — Doit-on dire : *Je vois que* LA *jambe enfle ?* 204.— Quelle remarque avez-vous à faire sur les mots *chaque, chacun ?* 205. — Quelle remarque avez-vous à faire sur *nul, aucun ?* — *Nul* et *aucun* ne s'emploient-ils jamais au pluriel ? 206. — Quelle remarque avez-vous à faire sur *son, sa, ses, leurs,* employés pour des noms de choses ? 207. — Cette règle est-elle sans exception ? 208. — Ne peut-on pas dire : *Ces arbres sont bien exposés, cependant* leurs *fruits ne mûrissent pas ?*

---

(1) Les grands écrivains ne se soumettent pas toujours à cette règle : *Mais la mollesse est douce et* SA *suite est cruelle.* (Voltaire.) *La patience est amère, mais* son *fruit est doux.* (J.-J. Rousseau.)

65ᵉ LEÇON.

DE L'ADJECTIF.

NU, DEMI, FEU, SÛR, MUR, DU. — CENT, VINGT ET MILLE. MÊME.

209. NU et DEMI sont invariables, quand ils sont placés avant le substantif. Ex. : *nu-pieds, nu-tête*, une *demi-aune*, une *demi-heure*. DEMI, placé après le substantif en prend le genre seulement : *deux aunes et demie de drap; quatre heures et demie.* DEMI ne prend la marque du pluriel que quand il est pris comme substantif : *Cette pendule sonne les demies.* FEU, placé avant le déterminatif, est invariable. Ex. : *feu la reine, feu nos rois.* Mais FEU, placé après l'article, s'accorde avec le substantif. Ex. : *la feue reine, nos feus rois.*

Les adjectifs *sûr*, signifiant certain, *mûr*, dans le sens de maturité, et les participes *dû, tû, mû, crû*, du verbe *croître*, prennent l'accent circonflexe sur l'*u*.

210. Le mot CENT prend la marque du pluriel, quand il y a plusieurs *cents*, et qu'il est suivi ou censé suivi d'un substantif. Ex. : J'avais emporté *trois cents francs* et j'en ai dépensé *deux cents*. Mais, quoiqu'il y ait plusieurs *cents*, si ce mot est suivi d'un autre nombre, il ne prend pas *s* : *deux cent cinq hommes, trois cent dix francs.*

211. Le mot VINGT prend un *s* dans *quatre-vingts*, excepté quand il est suivi d'un autre nombre. Ex. : *quatre-vingts francs, quatre-vingt-cinq centimes.*

212. On écrit MIL pour exprimer la date des années ; MILLE, pour exprimer le nombre dix fois cent, ou une étendue de chemin ; dans ce dernier cas seulement il prend un *s* au pluriel. Ex. : l'an MIL huit cent trente-trois; trois MILLE hommes; ce village est à trois MILLES de la ville.

213. MÊME est *adjectif* ou *adverbe*. MÊME signifiant *semblable* est *adjectif*, alors il précède ordinairement un substantif; il peut aussi être placé après un seul substantif ou pronom. Ex. : *Les MÊMES vertus qui servent à fonder un empire servent aussi à le conserver. Vos parentes vinrent elles-MÊMES.*

214. MÊME signifiant *aussi, de plus*, est *adverbe;* dans ce cas, il est invariable et est ordinairement placé après plusieurs substantifs ou après un verbe. Ex. : *J'ai tout à craindre de leurs larmes, de leurs soupirs, de leurs plaisirs* MÊME. On peut dire : *et aussi* de leurs plaisirs.

Nous ne devons pas fréquenter les impies ; nous devons MÊME les éviter comme des pestes publiques. On peut dire : nous devons *aussi* les éviter, ou nous devons *de plus* les éviter.

66ᵉ LEÇON.

TOUT.

215. TOUT est *adjectif* ou *adverbe*. TOUT est *adjectif* quand il exprime la totalité des personnes ou des choses, et alors il est placé avant un substantif. Ex.: *Tous* les hommes devraient être justes. *Toute* puissance est faible, à moins que d'être unie. J'ai vu *toutes* vos sœurs.

216. TOUT est adverbe quand il signifie *tout à fait, entièrement*, et alors il reste invariable, s'il est placé avant un adjectif qui commence par une voyelle ou une *h* muette, que cet adjectif soit masculin ou féminin. Ex. :

> Vos frères sont *tout endormis, tout heureux.*
> Vos sœurs sont *tout endormies, tout heureuses.*

TOUT est encore invariable, avant un adjectif masculin qui commence par une consonne ou par une *h* aspirée. Ex. : Ces hommes sont *tout stupéfaits, tout honteux.*

TOUT, adverbe, prend néanmoins le genre et le nombre, quand il est placé avant un adjectif féminin qui commence par une consonne ou par une *h* aspirée, parce que, dans ce cas, l'oreille n'a pu s'accoutumer au son de *tout* masculin entre deux féminins. Cette exception n'a lieu que par euphonie.

EXEMPLE : Vos cousines, en apprenant cette nouvelle, restèrent *toutes saisies, toutes honteuses.*

REMARQUE. On écrira : ces enfants sont *tous aimables*, si l'on veut exprimer qu'ils le sont TOUS, sans exception; et l'on écrira : ces enfants sont *tout aimables*, si l'on veut exprimer qu'ils sont *entièrement* aimables.

67e LEÇON.

QUELQUE, LEUR.

217. QUELQUE s'écrit de trois manières : 1° *quelque*, d'un seul mot, est adjectif, et il sert à désigner un ou plusieurs individus pris dans un plus grand nombre; dans ce cas, il est placé avant un substantif, avec lequel il s'accorde. Ex.: Je vous payerai dans *quelques* jours. Nous verrons cela *quelque* jour.

218. 2° QUELQUE est adverbe, et par conséquent invariable, lorsque entre *quelque*.....et.....*que* il se trouve un adjectif seul. EXEMPLES : les rois, *quelque* puissants *qu'*ils soient, etc. *Quelque* bonnes *que* soient vos intentions.

Si entre *quelque*.....et.....*que* il y avait un substantif et un adjectif, *quelque* s'accorderait avec le substantif. EXEMPLES :

Quelques vains lauriers *que* promette la guerre.
(Boileau.)

Quelques superbes distinctions *qu'*obtiennent les hommes, ils ont tous une même origine. (*Bossuet.*)

Quelques grands biens *que* l'on possède.
(Régnier-Desmarais.)

219. 3° QUELQUE, suivi d'un verbe, s'écrit en deux mots : *quel....que*; la première partie *quel* est adjectif et s'accorde en genre et en nombre avec le substantif sujet du verbe. Ex. : *Quel que* soit votre *pouvoir*. *Quels que* soient vos *desseins*. *Quelles que* soient vos *connaissances*. Vos ressources, *quelles qu'elles* soient.

220. LEUR, pronom relatif, placé avant ou après le verbe, ne prend jamais *s*. Dites : je *leur* ai parlé, nous *leur* avons dit, et non je *leurs* ai parlé, nous *leurs* avons dit (1).

QUESTIONS SUR L'ADJECTIF. (*Seconde partie.*)

Quelles remarques avez-vous à faire sur *nu* et *demi*? 209.— Sur le mot *feu*? —Sur les adjectifs *sûr*, *mûr*? etc.— Quelles remarques

---

(1) Cependant quand *leur* est précédé de l'article *les*, il est pronom possessif, et prend alors la marque du pluriel.

Nos prières n'étaient pas commencées que LES LEURS *étaient achevées.*

avez-vous à faire sur le mot *cent?* 210. — Sur le mot *vingt?* 211
—Comment s'écrit le mot *mil?* 212.—Quelles remarques avez-vous
à faire sur *même?* 213, 214. — Quand *tout* est-il adjectif? 215.—
Quand est-il adverbe? 216. — Quand *tout* adverbe prend-il
genre et le nombre du substantif?—Quelle remarque avez-vous à faire
sur le mot *tout?* —Comment s'écrit le mot *quelque?* 217. — Quand
quelque est-il adverbe? 218. — Comment écrivez-vous *quelque* dans
cette phrase : *Quelques* VAINS LAURIERS *que promette la guerre?*
—Comment s'écrit *quelque* suivi d'un verbe? 219. —Quelle remarque avez-vous à faire sur le mot *leur?* 220.

68ᵉ LEÇON.

DU PRONOM.

221. Il ne faut jamais que l'emploi des pronoms soit
équivoque, comme dans cette phrase : *Ce jeune homme
va rejoindre son père à Paris où* IL *espère avoir une
place.* On ne sait si le pronom *il* se rapporte au jeune
homme ou au *père.*

222. La politesse veut que la personne qui parle se
nomme après les autres : *Ma sœur, mon frère et* MOI
nous partirons. C'est aussi pour la même raison qu'on
emploie *vous* au lieu de *tu.* Dans ce cas, l'adjectif reste
au singulier. Ex. : *Madame, vous êtes* INDISPOSÉE.

223. QUI, pronom interrogatif, ne doit jamais être
employé pour des noms de choses; ne dites pas : *qui
sont ces contrées?* dites : *quelles sont,* etc.

224. Les pronoms *lui, elle, eux, elles,* placés après
le verbe *être,* ne s'emploient que pour les personnes.
Si l'on vous demande : *Sont-ce là vos livres?* il faut répondre : *oui, ce* LES SONT, et non ce sont *eux. Est-ce là
votre chapeau?* oui, ce L'*est,* et non c'est *lui.*

CE *et* ÊTRE.

225. Ne dites pas : *Ce sont Ernest et Jules* qui iront à
la chasse ; dites : c'est *Ernest et Jules,* etc. Quand *ce* et
être se trouvent avant plusieurs substantifs singuliers ou
avant les pronoms *nous* et *vous,* le verbe reste au singulier. Ex. : *C'est le fer et l'or; c'est nous qui; c'est
vous* qui; et non *ce sont* nous, *ce sont* vous. CE veut le
verbe au pluriel, quand ce dernier est suivi d'un substantif pluriel, ou d'un pronom de la troisième personne

plurielle. Ex. : *Ce sont vos frères* qui sont venus. *Ce furent les Phéniciens* qui inventèrent la navigation. *Ce sont eux* qui. *Ce sont elles* qui (1).

69ᵉ LEÇON.

Le représentant un substantif ou un adjectif.

226. Le pronom *le* est invariable quand il représente un adjectif ou plusieurs mots. Si l'on demandait à une dame : *Étes-vous* MARIÉE? elle devrait répondre : *Oui, je* LE *suis*, et non : je LA suis, parce que le mot LE se rapporte à l'adjectif *mariée* ; je suis CELA, *mariée*. Etes-vous *peureuse? Oui, je* LE *suis*. Etes-vous *chasseurs?* Oui, nous *le* sommes, et non : nous LES sommes, parce que le mot *le* se rapporte à *chasseurs*, qui est employé ici comme adjectif. Nous sommes CELA, chasseurs.

227. Le pronom LE est variable, lorsqu'il tient la place d'un substantif. Ex. : Etes-vous LA *mariée?* Oui, je LA suis, parce que le pronom LA représente le substantif *la mariée*. Etes-vous LES chasseurs du roi? Oui, nous LES sommes, *les chasseurs*. On dira donc : Etes-vous *maîtresse* de cette maison? Oui, je LE suis; et, Etes-vous *la maîtresse* de cette maison? Oui, je LA suis.

228. Le pronom *le*, *la*, *les*, ne peut se rapporter qu'à un nom suffisamment déterminé; dites : *Je sais demander* UN *conseil et le suivre*, et non : Je sais demander *conseil* et *le* suivre.

Si cependant il n'était pas possible de faire précéder le nom de l'article ou que la répétition du nom fût désagréable, on pourrait, à l'imitation de nos bons auteurs, faire usage du pronom.

Quand je me fais *justice* il faut qu'on *se la* fasse.   (Racine.)
Grâce! grâce! Seigneur, que Pauline *l*'obtienne. (Corneille.)

En devenant capable *d'attachement*, il devient sensible à *celui* des autres. (J.-J. Rousseau.)

70ᵉ LEÇON.

VOUS, TU, LUI, EUX, ELLE, SOI.

229. Le pronom VOUS, employé pour TU, veut le

----

(1) Cependant nos grands écrivains n'ont pas toujours observé cette règle, et l'Académie elle-même a dit : *Quand ce serait* ou *quand ce seraient les Romains.*

verbe au pluriel; mais l'adjectif suivant reste au singulier.
EXEMPLE : *Mon* fils, *vous serez* ESTIMÉ, si *vous êtes* SAGE.

230. Les pronoms *lui*, *eux*, *elle*, se disent des personnes et des choses ; mais on ne doit pas les employer comme compléments indirects, surtout quand ils représentent des noms de choses : dans ce cas, on les remplace par le mot *en* ou *y*. Ne dites donc pas, en parlant d'une chaise : *je m'approchai d'*ELLE, *je m'assis sur* ELLE. Dites : *je m'*EN *approchai*, *je m'*Y *assis*. Ne dites pas non plus : *Ce chien est à craindre*, *ne vous fiez pas à* LUI. Dites : *ne vous* Y *fiez pas* (1).

231. Le pronom SOI ne s'emploie guère qu'après un sujet vague et indéterminé, comme *on*, *chacun*, *quiconque*, *ce*, ou après un infinitif ou un participe présent. Ex. : ON *ne doit jamais parler de* SOI ; CHACUN *songe à* SOI ; *n'aimer que* SOI. Cependant, nos bons auteurs emploient bien *soi* en parlant des personnes et des choses.

Un homme peut parler avantageusement de soi *quand il est calomnié.* (Voltaire.)

Être doux pour tout autre et rigoureux pour SOI. (Boileau.)

On dit bien : *La vertu est aimable de* SOI. *Le vice est odieux de* SOI. *Le chat ne pense que pour* SOI.

(Buffon.)

REMARQUE. Le pronom SOI est des deux genres et des deux nombres : *La vertu est aimable de* SOI. *Ces choses sont indifférentes de* SOI. Ces *soi*-disant savants.

71ᵉ LEÇON.

QUI, QUE, DONT.

232. Les pronoms relatifs *qui, que, dont,* doivent toujours être placés près du substantif ou du pronom auquel ils se rapportent, et que l'on appelle antécédent ; dites : *Je vous envoie, par ma servante, un chien* QUI *a les oreilles coupées* ; et non : *Je vous envoie un chien par ma servante* QUI *a les oreilles coupées.*

---

(1) Cependant nos bons auteurs n'ont pas craint d'enfreindre cette règle : *On ne saurait dire si Ésope eut sujet de remercier la* NATURE *ou de se plaindre d'*ELLE. (La Fontaine.)

233. Qui, précédé d'une préposition, ne se dit jamais des choses, mais seulement des personnes ; ainsi ne dites pas : *La grammaire* A QUI *je m'applique* ; dites : *à laquelle*. Ne dites pas non plus : *L'arbre* SUR QUI *je suis monté* ; dites : *sur lequel*. On dira très bien : La personne *à qui* ou *à laquelle* je me confie.

234. REMARQUE. Il faut dire : C'est en Dieu QUE nous devons mettre notre confiance, et non pas EN QUI ; c'est à vous QUE je veux parler, et non pas A QUI ; c'est de cet homme QUE je vous parle, et non pas de QUI. Dans ces phrases, QUE n'est pas pronom relatif, il est conjonction.

235. Qui relatif est toujours du même genre et du même nombre que son antécédent ; dites : C'est *moi qui* ai vu, c'est *toi qui* as vu, c'est *lui qui* a parlé ; et non : c'est moi qui *a* vu, c'est toi qui *s'est* trompé. Dites encore : C'est nous qui *avons* parlé, et non qui *ont* parlé ; C'est vous qui *dites*, et non qui *dit*.

72ᵉ LEÇON

CELUI-CI, CELUI-LA, ON.

236. CELUI-CI, CELUI-LA, s'emploient de cette manière : CELUI-CI, pour représenter la personne ou l'objet dont on a parlé en dernier lieu ; CELUI-LA, pour représenter la personne ou l'objet dont on a parlé en premier lieu. Ex. : *Les deux philosophes* HÉRACLITE *et* DÉMOCRITE *étaient d'un caractère bien différent : celui-ci* (DÉMOCRITE) *riait toujours ; celui-là* (HÉRACLITE) *pleurait sans cesse* (1).

237. CECI désigne une chose proche, et CELA une chose plus éloignée. Ex. : *Je n'aime pas* CECI, *donnez-moi* CELA.

238. Le pronom ON s'emploie au commencement

---

(1) Quelques grammairiens prétendent que cette phrase est vicieuse : *Je veux des fruits, donnez-moi* CEUX CUEILLIS *ce matin*. Les pronoms *celui, celle, ceux*, disent-ils, doivent toujours être suivis de *qui* et d'un verbe. Mais, malgré eux, la phrase précédente est aussi française que celle-ci, à la vérité plus souvent employée : *Donnez-moi ceux* QUI ONT *été cueillis ce matin*. (*Journal grammatical, Écho des Écoles primaires.*) J'ai joint à ma lettre *celle écrite par le prince*. (Racine.)

6

d'une phrase; dites : ON *fuit les impies*; et non : L'ON *fuit les impies.* On emploie L'ON après les conjonction *et, si, ou*; *et l'on rit, si l'on pense, ou l'on joue*; à moins qu'il n'y ait après ces conjonctions un mot qui commence aussi par un *l*, ce qui produirait un son désagréable; dites : *et on le voit, si on le veut, ou on le verra*; et non pas ; *et l'on le voit, si l'on le veut, ou l'on le verra.*

Dites aussi, pour rendre la prononciation plus douce : *ce que l'on conçoit; il faut que l'on convienne*; et non pas ; *ce qu'on conçoit; il faut qu'on convienne.*

Un pronom ne doit pas être employé plusieurs fois avec des rapports différents; ne dites pas : *On sent une répugnance qui nous empêche de croire à ce qu'on nous a prouvé*; pour être correct, il faut dire : *Nous sentons*, etc.

ON est ordinairement masculin singulier, mais il peut être suivi d'un adjectif féminin, quand il a un rapport bien précis à une personne du sexe féminin, et il peut être suivi d'un adjectif pluriel quand il renferme l'idée de plusieurs individus. Ex. :

On est toujours petit, quand ON *n'est grand que par la vanité.* (Massillon.)

Ma fille, ON *n'est pas toujours jeune et* JOLIE. (Acad.)

*Ici l'*ON *est* ÉGAUX. (Inscription d'un cimetière.)

73e LEÇON.

AUTRUI, CHACUN, PERSONNE.

239. AUTRUI n'est susceptible ni de genre ni de nombre, et il ne se joint jamais avec les adjectifs possessifs *son, sa, ses, leur. En* est le seul pronom qui puisse être en rapport avec lui. Ne dites pas : *On ne médit souvent d'*AUTRUI *que parce qu'on craint de voir relever* son *mérite*; dites : que parce qu'on craint d'*en* voir relever *le* mérite. Ne dites pas non plus : *En épousant les intérêts d'*AUTRUI, *nous ne devons pas épouser* SES *passions.* Dites : nous ne devons pas *en* épouser *les* passions.

240. CHACUN. Quand ce pronom se rapporte à un substantif pluriel, il prend après lui, tantôt *son, sa, ses,* et tantôt *leur, leurs.* CHACUN prend *son, sa, ses,* quand il est placé après le complément du verbe, ou qu'il n'a pas de complément. Ex. : *Il faut remettre ces livres-là* CHACUN *à sa place.*

CHACUN prend *leur*, *leurs*, quand il est placé avant le complément du verbe, et alors on le met entre deux virgules. Ex. : *Remettez*, CHACUN *en* LEUR *place*, *les livres que vous avez lus. Ils ont apporté*, CHACUN, LEUR *offrande*.

241. PERSONNE est masculin, quand il est employé comme pronom indéfini , et alors il ne prend pas l'article. Ex. : *Je ne connais* PERSONNE *plus* HEUREUX *que lui*. Mais PERSONNE est féminin quand il est employé comme substantif : *Cette personne* est très *heureuse*.

Les pronoms personnels compléments se répètent avant chacun des verbes qui sont à un temps simple :

Bajazet aujourd'hui M'*honore et* ME *caresse.* (Racine.)

Mais les pronoms compléments peuvent bien n'être pas répétés avant les verbes qui ont le même complément, et qui sont à des temps composés; dans ce cas on supprime l'auxiliaire. Ex. :

Il m'a loué et récompensé généreusement. (Acad.)

Tous les pronoms compléments se placent avant le verbe, excepté quand il est à l'impératif; alors ils se mettent après ce mode avec un trait d'union. Ex. : *Ouvre-moi ta porte.*

S'il y a deux pronoms, on les met après l'impératif avec deux traits d'union, en énonçant le complément direct le premier. Ex. : *Cherchez ses livres, rendez-les-lui.*

Quand la proposition est négative, les pronoms compléments reprennent leur place avant l'impératif : *Ne les lui rendez pas.*

Dites : *envoyez-y-moi, menez-y-le, promènes-y-toi*, pour éviter le son désagréable de *envoyez-m'y, menez-l'y, promène-t'y*, etc.

QUESTIONS SUR LE PRONOM. (*Seconde partie.*)

le pronom *le* représentant un substantif ou plusieurs mots? 226. — Comment devrait répondre une dame à qui l'on dirait : *Êtes-vous la maîtresse de cette maison?* 227.—Quelle remarque avez-vous à faire sur les pronoms *le, la, les?* 228.—Cette règle est-elle absolue? —Quelle remarque avez-vous à faire sur le pronom *vous?* 229. — Quelle remarque avez-vous à faire sur les pronoms *lui, eux, elles?* 230. —Comment emploie-t-on le pronom *soi?* 231.—De quel genre et de quel nombre est le pronom *soi?* 231 (Rem.).—Quelle remarque aurez-vous à faire sur les pronoms *qui, que, dont?* 232.—*Qui*, précédé d'une préposition, se dit-il des personnes et des choses? 233.—Doit-on dire. *C'est en Dieu* EN *qui nous devons mettre toute notre confiance?* 234. — De quel genre et de quel nombre est le pronom relatif *qui?* 235. — Comment emploie-t-on *celui-ci, celui-là?* 236. — Que désigne *ceci, cela?* 237. — Comment emploie-t-on le pronom *on?* 238.—Peut-on dire *et on chante, si on boit*, etc.?—De quel genre est le pronom *on?* De quel genre est le mot *autrui?* 239.—Quand *chacun* prend-il *son, sa, ses?* 240. — Quand prend-il *leur, leurs?* —De quel genre est le mot *personne?* 241.—Quand doit-on répéter les pronoms personnels employés comme compléments?—Cette règle est-elle absolue? — Comment se placent les pronoms employés en compléments? — Peut-on dire : *Envoyez-m'y? promène-t'y?*

74ᵉ LEÇON.

REMARQUES SUR L'ACCORD DU VERBE AVEC SON SUJET.

242. Le sujet d'un verbe ne doit point être exprimé deux fois, quand un seul sujet suffit. Ne dites pas :

> Louis *en ce moment prenant son diadème,*
> Sur le front du vainqueur IL le posa lui-même.

Louis étant sujet de *posa*, le pronom *il* est surabondant et vicieux (1).

243. Nous avons dit : 1° le verbe s'accorde en nombre et en personne avec son sujet, comme : le *soleil* nous *envoie* sa propre lumière et les *planètes* ne nous *envoient* qu'une lumière empruntée; 2° quand un verbe se rapporte à deux sujets singuliers, on le met au pluriel, comme le *naufrage* et la *mort sont* moins funestes que les plaisirs qui attaquent la vertu. Voici pourtant des exceptions.

---

(1) Nos bons auteurs se sont quelquefois écartés de cette règle, surtout quand le sujet est éloigné du verbe et que l'idée commence à s'en affaiblir.

1° On met le verbe au *singulier* quand les sujets sont séparés par la conjonction *ou*. Ex. :

La *crainte* ou l'*espérance* les *empêcha* de remuer.

Pourtant on trouve des exemples où le verbe est au pluriel : *Le temps* ou *la mort* SONT *nos remèdes*. (J.-J. Rousseau.) (Voyez notre *Grammaire des écoles supérieures*.)

2° Quand les deux sujets unis par *ou* sont de différents nombres, le verbe s'accorde avec le dernier. Ex. : Le *crédit* ou les ÉMOLUMENTS attachés à cette place, la lui *font* rechercher. Les *émoluments* ou le CRÉDIT attaché à cette place, la lui *fait* rechercher. 3° Si les sujets unis par *ou* sont de différentes personnes, on met le verbe au pluriel et à la personne qui a la priorité : la première l'a sur la seconde, et celle-ci l'a sur la troisième : *Vous* ou *votre frère viendrez* me voir. *Joséphine* ou *moi irons* à la promenade; *vous* ou *lui parlerez*. On ferait mieux de répéter le sujet qui a la priorité. Ex. : *Vous* ou *votre frère*, VOUS *viendrez me voir*. *Joséphine* ou *moi*, NOUS *irons à la promenade*.

75° LEÇON.

244. 4° On met le verbe au singulier, quand il y a une expression qui réunit tous les substantifs en un seul sujet, comme : *tout, rien, personne*. Ex.: *Grands et petits, riches et pauvres*, PERSONNE *ne doit se soustraire à la loi. Paroles, regards*, TOUT *est charme dans vous*.

245. 5° Si les deux sujets sont unis par une des conjonctions *comme, de même que, ainsi que, autant que, non moins que, aussi bien que*, le verbe s'accorde avec le premier sujet. Ex. :

La *France*, COMME l'*Angleterre*, A *combattu pour la liberté*.

La *vertu*, NON MOINS QUE la *richesse*, REND l'homme heureux.

246. 6° Lorsque les substantifs sujets sont liés par NI répété, et qu'il n'y a qu'un des deux sujets qui doive faire ou recevoir l'action exprimée par la phrase, on met le verbe au singulier. Ex. : *Ni votre tante ni la mienne ne* SERA NOMMÉE supérieure du monastère. (Il ne faut qu'une supérieure.) Mais si deux sujets font ou reçoivent en même temps l'action, et qu'il n'y ait pas d'exclusion, on met le verbe au pluriel. Ex. : *Ni l'or ni la grandeur ne nous* RENDENT *heureux.*

247. 7° On fait aussi accorder le verbe avec le dernier substantif, quand ces substantifs ont à peu près la même signification. Ex. : *La bravoure, l'intrépidité de Turenne* ÉTONNAIT *les plus braves* (1).

76ᵉ LEÇON.

PLACE DU SUJET.

248. Dans les phrases interrogatives, on place le sujet après le verbe, et on l'y joint par un trait d'union. Ex. : *Partirez-vous demain? Etes-vous sage? Irai-je? Viendras-tu? Est-il arrivé? Aimé-je?*

249. L'usage ne permet pas toujours cette manière d'interroger à la première personne, parce que la prononciation en serait rude et désagréable. Ne dites-pas : *Cours-je? Mens-je? Dors-je? Sors-je?* Prenez un autre tour et dites : *Est-ce que je cours? Est-ce que je mens? Est-ce que je sors?*

250. Quand le verbe finit par une voyelle, on ajoute un *t* devant les pronoms *il, elle, on*, et l'on place ce *t* entre deux traits d'union. Ex. : *Appelle-t-il? Viendra-t-elle? Aime-t-on les paresseux?*

251. Les pronoms personnels sujets, *je, tu, il, se*, se répètent : 1° Quand il y a deux propositions de suite, dont la première est négative, et la seconde affirmative, ou dont la première est affirmative et la seconde négative. Ex. : JE *le dis et* JE *ne le pense pas.* TU *ne dis rien et* TU *désires parler.* 2° Quand les propositions sont liées par toute autre conjonction que par *et, mais, ni.* IL *est aimé, parce qu'*IL *est sage.*

QUESTIONS SUR LE VERBE ET SUR LE SUJET.

Le sujet d'un verbe peut-il se répéter deux fois quand un seul sujet suffit? 242. —Comment s'accorde le verbe avec son sujet? 243. —Quelles sont les exceptions?—Comment s'accorde le verbe qui a

---

(1) Nos grands écrivains se sont souvent écartés de toutes ces règles si délicates que nous avons développées dans notre *Grammaire des Écoles supérieures.*

deux sujets unis par *ou?*—Comment s'accorde le verbe quand le sujet réunit tous les mots en une seule expression? 244. — Si les deux sujets sont unis par une des conjonctions *comme*, *de même que*, *ainsi que?* etc. 245. — Comment s'accorde le verbe lorsque les substantifs sujets sont liés par *ni* répété? 246.—Et si les substantifs sujets ont la même signification? 247. — Quand faut-il placer le sujet après le verbe? 248. — L'usage permet-il toujours cette manière d'interroger? 249.—Que doit-on faire quand le verbe finit par une voyelle? 250. — Quand faut-il répéter les pronoms sujets *je*, *tu*, *il*, *se?* etc. 251.

77ᵉ LEÇON.

EMPLOI DES TEMPS DE L'INDICATIF.

252. Le PRÉSENT de l'indicatif sert à exprimer qu'une chose EST ou se FAIT au moment où l'on parle. Quand je dis : *je marche, nous chantons*, c'est comme si je disais : *je suis actuellement marchant, nous sommes actuellement chantant.*

253. On emploie aussi le *présent* au lieu du *passé*, pour donner au discours plus de vivacité et de grâce; ainsi l'auteur de la Bible en vers a pu dire :

> Dieu PARLE, *l'homme* NAÎT; *après un court sommeil*
> *Sa modeste compagne* ENCHANTE *son réveil;*

au lieu de : *Dieu* PARLA, *l'homme* NAQUIT, *sa modeste compagne* ENCHANTA *son réveil.* Mais lorsqu'on emploie le présent pour le passé, il faut que tous les verbes qui sont relatifs au présent, soient aussi au présent. On ne pourrait pas dire : Dieu *parle*, l'homme *naît;* après un court sommeil, sa modeste compagne *enchanta* son réveil.

254. L'IMPARFAIT s'emploie pour marquer une action habituelle ou souvent réitérée, en la considérant relativement à une autre action passée. Ex. :

> *Je* QUITTAIS *ces lieux quand tu y* ARRIVAS; *j'*ÉCRIVAIS *à mon frère quand je* REÇUS *sa lettre.*

255. Mais on n'emploie pas *l'imparfait* pour exprimer une chose *vraie dans tous les temps.* Ne dites pas : *Je vous ai dit que l'adjectif s'*ACCORDAIT *en genre et en nombre avec le substantif qu'il qualifie;* dites : *que l'adjectif s'*ACCORDE; car l'adjectif s'accorde toujours vec le substantif qu'il qualifie. Ne dites pas non plus,

Je vous ai dit que l'étude ADOUCISSAIT *les mœurs;* dites : ADOUCIT (1).

78e LEÇON.

256. Le PASSÉ DÉFINI ne doit s'employer que pour exprimer un temps entièrement écoulé, et dont l'époque est déterminée ou éloignée. Ex. : *Nous nous* VOUÂMES *une éternelle amitié dès que nous nous* VÎMES. J'ÉCRIVIS *hier, ou la semaine dernière, ou le mois passé, ou l'an passé, à votre père.* Mais ne dites pas : J'ÉCRIVIS *ce matin, cette semaine, ce mois-ci, cette année, à votre père.* Ce serait faire une faute que de dire : *Je* reçus *ce mois-ci une lettre de mon fils, et je lui répondis cette semaine;* parce que le mois et la semaine ne sont pas entièrement écoulés.

257. Le PASSÉ INDÉFINI s'emploie indifféremment pour un temps passé, soit qu'il en reste encore une partie à s'écouler, soit qu'il n'en reste plus rien. Ex. : J'AI PARCOURU *hier, ou aujourd'hui, les belles promenades du Luxembourg.* J'AI ÉCRIT, *le mois dernier, à vos parents, et je leur* AI *encore* ÉCRIT *ce mois-ci.*

258. Le PLUS-QUE-PARFAIT s'emploie pour une chose, non seulement passée en soi, mais encore passée à l'égard d'une chose qui est aussi passée. Lorsque je dis : *J'avais dîné quand vous vîntes me demander,* je veux dire que l'action de mon dîner *était passée* à l'égard de votre *arrivée* ou du temps où vous *vîntes*, qui est aussi un temps passé relativement à celui où je parle. On doit bien se garder d'employer le *plus-que-parfait* pour le *passé défini.* Ne dites pas : *Nous avons appris que vous* AVIEZ FAIT *naufrage en arrivant au Pérou,* dites : *que vous avez fait* (2).

259. Le CONDITIONNEL PRÉSENT s'emploie pour exprimer une condition dans un temps présent. On ne doit

(1) Nos bons auteurs n'ont pas craint d'enfreindre quelquefois cette règle. Exemples : *J'ai trouvé que la liberté* VALAIT *encore mieux que la santé.* (Voltaire.) *L'homme seul a connu qu'il y* AVAIT *un Dieu.* (Bernardin de Saint-Pierre.)

(2) Nos grands écrivains se sont encore souvent écartés de cette règle. (*Voyez au parfait.*)

pas l'employer pour le *futur*. Ne dites pas : *Votre père a dit que vous* IRIEZ *au collége l'an prochain* ; dites : *que vous irez.*

260. Il ne faut pas non plus employer le *condition-nel passé* pour le *conditionnel présent*. Ne dites pas : *Vous m'avez promis que vous* SERIEZ VENU *me voir;* dites : QUE VOUS VIENDRIEZ.

79ᵉ LEÇON.

EMPLOI DU SUBJONCTIF (1).

261. Quand deux verbes sont unis par la conjonction QUE, et que le premier exprime une idée de *désir*, de *doute*, de *surprise*, de *crainte*, ou une *volonté*, on met le second verbe au subjonctif. Ex. : *Je désire* QUE *vous* ÉTUDIIEZ. *Je crains* QUE *tu* PÉRISSES. *Le juge veut* QUE *vous* EXÉCUTIEZ *la sentence. Je souhaite* QU'*il* VIENNE. *Il ne paraît pas* QUE *votre oncle* SOIT *décidé à venir.*

262. On met encore le second verbe au subjonctif, 1° après les conjonctions suivantes : *quoique, afin que, quelque...... que, bien que, avant que, au cas que, encore que, jusqu'à ce que, loin que, soit que, supposé que, pour que, pourvu que, sans que, sinon que.* Ex. : *Quoique* vous *travailliez* beaucoup, vous ne devenez pas riche. Ce livre est toujours sur le bureau, *afin qu'*on *puisse* le consulter. Ils se sont querellés *avant que* je *fusse* venu. *Bien que* vous le *souhaitiez*, je ne le puis pas.

2° Après les pronoms relatifs *qui, que, dont* et *où*, quand ils sont précédés d'un substantif ou de l'un des mots *le premier, le seul, l'unique, personne, rien, aucun, pas un.*

3° Après les verbes impersonnels *il convient, il importe, il faut, il semble*, quand ils ne sont pas précédés d'un complément indirect.

---

(1) Toutes les règles sur l'emploi et la concordance des temps du *subjonctif* sont sujettes à beaucoup d'exceptions. Pour bien étudier cet emploi, voyez notre *Grammaire des Écoles supérieures*. Chez Langlois et Leclercq, rue des Mathurins-Saint-Jacques, 10. 1 fort vol. broché Prix : 1 fr. 75 c.

4° Après un verbe accompagné d'une négation, ou exprimant une interrogation.

LA PLUS BELLE *vertu* QUE *l'homme* PUISSE *posséder,* c'est la bienséance. *Je le crois* LE PLUS RICHE *propriétaire* QUI SOIT *dans cette ville. Votre paresse est* LA MOINDRE *chose* DONT *votre maître se* PLAIGNE. *C'est le premier homme* QUI *ne lui* RENDE *pas justice. C'est le* SEUL *homme* QUI VIVE *de la sorte.* IL N'Y A RIEN *que je ne* FASSE *pour vous. Il n'a fait* AUCUNE *disposition qui* SOIT *valable. Présumez-vous* QU'IL FASSE *moins chaud demain? Il semble qu'il* SOIT *votre ami.*

80° LEÇON.

EMPLOI DES TEMPS DU SUBJONCTIF.

263. Si le premier verbe est au *présent* ou au *futur* simple, on met le second verbe au *présent* ou au *prétérit* du subjonctif.

Si le verbe au subjonctif marque une action à venir, il faut le mettre au présent. Ex. :

Je ne crois pas
Je ne croirai pas } *que vous* PARVENIEZ *à cet emploi.*

PARVENIEZ est au présent du subjonctif, parce qu'il marque une action à venir.

Je ne crois pas
Je ne croirai pas } *que vous* L'AYEZ *trompé.*

AYEZ TROMPÉ est au *passé,* parce qu'il marque une action passée.

264. Ire REMARQUE. Après le *présent* et le *futur* de l'indicatif, on emploie l'*imparfait* du subjonctif au lieu du *présent,* le *plus-que-parfait* au lieu du *prétérit,* lorsque le second verbe est suivi d'une expression conditionnelle. Ex. :

Je ne crois pas
Je ne croirai pas } *qu'il* PARVÎNT *à cet emploi* SANS VOTRE PROTECTION.

PARVÎNT est à l'*imparfait,* à cause de l'expression conditionnelle, *sans votre protection.*

On met le second verbe au *plus-que-parfait,* si l'on veut exprimer une action passée.

Je ne crois pas   } *qu'il* EÛT OBTENU *cette place*, SI VOUS NE
Je ne croirai pas }   L'EUSSIEZ PROTÉGÉ.

EÛT OBTENU est au *plus-que-parfait*, et parce qu'il marque une action passée, et à cause de l'expression conditionnelle *si vous ne l'eussiez protégé*.

265. 2ᵉ REMARQUE. Quand le premier verbe est au *futur passé*, on met le second verbe au passé du subjonctif. Ex. :

IL AURA FALLU *que vous* AYEZ EU *beaucoup de prudence dans cette affaire*.

81ᵉ LEÇON.

266. Si le premier verbe est à l'*imparfait*, à l'un des *prétérits* ou à l'un des *conditionnels*, on met le second verbe à l'*imparfait* ou au *plus-que-parfait* du subjonctif.

On le met à l'IMPARFAIT, *si l'on veut exprimer une action présente ou future* ; et au PLUS-QUE-PARFAIT, *si l'on veut exprimer une action passée.*

Il désirait
Il désira
Il a désiré   } *que vous* PARLASSIEZ *en sa faveur.*
Il eût désiré
Il avait désiré   OU
Il désirerait
Il aurait désiré   *que vous* EUSSIEZ PARLÉ *en sa faveur.*
Il eût désiré

267. REMARQUE. On met toujours le second verbe au *présent* du subjonctif, quel que soit le temps du premier, lorsque l'action ou l'état marqué par le second verbe exprime une vérité constante, une chose qui existe encore au moment où l'on parle :

Vous AURIEZ TROUVÉ *mon vin agréable, quoiqu'il ne* VAILLE *pas le vôtre.*

Vaille est au *présent*, parce que mon vin *vaut* encore moins que le vôtre.

*Voltaire n'*A EMPLOYÉ *aucune fiction qui ne* SOIT *l'image de la vérité.*

Soit est au présent, car ses fictions sont encore l'image de la vérité.

82ᵉ LEÇON.

REMARQUES SUR L'INFINITIF.

268. Les infinitifs n'ayant pas la propriété du nombre, ne peuvent communiquer la forme du pluriel aux verbes dont ils sont les sujets. Ex. : *Boire, manger, dormir, c'*EST *leur seule occupation* (1).

269. On peut employer deux infinitifs de suite, et alors le second est le complément du premier ; mais trois infinitifs rendent le style diffus. Ne dites pas : Je crois *pouvoir aller voir* mes amis; dites : *Je crois que je* POURRAI aller voir mes amis.

270. L'infinitif employé comme complément, et précédé des prépositions *sans, pour, à,* etc., veut avoir pour sujet celui de la proposition où il se trouve. Ne dites donc pas : *On ne recevra pas de lettres sans* ÊTRE *affranchies* ; mais dites : *Les lettres ne seront pas reçues sans être affranchies.* Ne dites pas non plus : *Le jour étant trop avancé pour se* METTRE *en marche, on s'arrétera au bord du fleuve.* Ne semble-t-il pas que ce soit le jour qui *va se mettre en marche?* Ne dites pas : Le pain est fait *pour manger;* dites : Le pain est fait *pour qu'on le mange,* ou *pour être mangé.*

QUESTIONS SUR L'EMPLOI DES TEMPS DE L'INDICATIF ET DU SUBJONCTIF.

A quoi sert le *présent* de l'indicatif? 252. — Ne peut-on pas employer le présent pour le passé? 253. —Comment s'emploie l'*imparfait?* 254. — Doit-on employer l'imparfait pour exprimer une chose *vraie* dans tous les temps? 255. — Comment emploie-t-on le *passé* défini? 256. — Comment s'emploie le *passé indéfini?* 257. — Comment s'emploie le *plus-que-parfait?* 258. — Comment s'emploie le *conditionnel présent?* 259.—Peut-on employer le *conditionnel présent* pour le *passé?* 260.—Quand faut-il mettre le second verbe au *subjonctif?* 261.—Quand faut-il encore mettre le second verbe au *subjonctif?* 262.—A quel temps du subjonctif faut-il mettre le verbe si le premier verbe est au *présent* ou au *futur simple?* 263. — Après le *présent* et le *futur* de l'indicatif peut-on employer l'*imparfait* ou le

---

(1) Cependant plusieurs de nos bons auteurs n'ont pas craint d'employer le pluriel après plusieurs infinitifs. Exemples : *Bien* DIRE *et bien* PENSER *ne* SONT *rien sans bien faire.* (LACHAUSSÉE.) VIVRE *et* JOUIR SERONT pour lui la même chose. (J.-J. Rousseau.)

passé du subjonctif? 264. — A quel temps faut-il mettre le verbe au subjonctif quand le premier verbe est au *futur passé*? 265. — Si le premier verbe est à l'*imparfait* ou à l'un des passés , à quel temps faut-il mettre le second verbe? 266.—Quand faut-il mettre encore le second verbe au *présent du subjonctif*? 267.—Plusieurs infinitifs placés en sujets peuvent-ils communiquer la propriété du nombre au verbe? 268.—Peut-on employer deux infinitifs de suite? 269. — Peut-on dire : Le pain est fait *pour manger?* 270.

83ᵉ LEÇON.

REMARQUES SUR LES COMPLÉMENTS.

271. Il faut donner à chaque adjectif et à chaque verbe le complément qui lui convient et que lui assigne le bon goût. On dira :

> Le bonheur le plus grand, le plus digne d'envie,
> Est celui d'être *utile* et *cher* à sa patrie.

On peut dire *utile* à sa patrie, et *cher* à sa patrie. Mais on ne pourrait pas dire : Cet homme est *utile* et *chéri* de sa patrie ; car *utile* veut A, et *chéri* veut DE : dans ce cas, on prend un autre tour, et l'on dit : Cet homme est *utile* A sa patrie et EN est chéri.

272. Pour la même raison, on dira : Cette armée attaqua et prit LA VILLE , parce que le complément *la ville* convient également à *attaqua* et à *prit*; mais on ne pourrait pas dire : Cette armée *attaqua* et *s'empara* DE LA VILLE, parce que le complément *de la ville* ne convient point à *attaqua*, qui veut un complément direct ; dans ce cas, on se sert du pronom EN, et l'on dit : *Il attaqua la ville et s'EN empara.*

273. Quand un verbe a deux compléments, l'un direct et l'autre indirect, le goût veut qu'on place le premier celui qui est le plus court. Ex. :

Malheur à celui qui ne sait pas sacrifier LES PLAISIRS *aux devoirs de l'humanité.*

Partout la pauvreté sert , A PEU DE FRAIS , *la richesse qui lui procure l'existence.*

274. Si les deux compléments sont d'égale longueur, le complément direct doit se placer le premier. Ex. :

Le vrai courage trouve toujours QUELQUES RESSOURCES *contre l'adversité.*

84ᵉ LEÇON.

275. Si le verbe a pour complément plusieurs mots unis par une des conjonctions *et, ni, ou*, les mots doivent être de la même espèce. Dites : *Il aime la* PÊCHE *et la* CHASSE ; et non : *Il aime à pêcher et la chasse.* On ne dirait donc pas : *Il n'aime ni le* JEU *ni à* ÉTUDIER ; il faut : *Il n'aime ni le jeu ni l'étude*, ou *il n'aime ni à jouer ni à étudier.*

276. Nous avons dit que les verbes intransitifs (neutres) ne peuvent avoir de complément direct. Ne dites pas : *Ils se nuisent* L'UN L'AUTRE ; dites : *Ils se nuisent* L'UN A L'AUTRE.

277. Certains verbes se refusent à avoir pour complément un nom de personne, d'autres un nom de chose. Ne dites pas : *Ces hommes étaient bien criminels ; cependant on* LES *a pardonnés de leurs crimes* ; ni : *Je consolerai* VOS LARMES. On ne dit pas : *pardonner quelqu'un* ; pardonner ne peut avoir pour complément direct un nom de personne. On ne dit pas : *consoler quelque chose.* Il faut : *On* LEUR *a pardonné leurs crimes. Je tarirai vos larmes.*

278. Après les verbes passifs, on emploie *de* ou *par.* Il faut employer DE, quand le verbe exprime des actes intérieurs de l'âme auxquels le corps n'a point de part : *Un jeune homme vertueux est estimé* DE *tout le monde.*

On emploie PAR, quand le verbe présente une opération de l'esprit ou une action du corps : *La poudre à canon fut inventée* PAR *le cordelier Berthold Schwartz, vers la fin du* XIIIᵉ *siècle ; et les bombes,* PAR *Gallen, évêque de Munster, vers le milieu du* XVIIᵉ *siècle.*

QUESTIONS SUR LES COMPLÉMENTS.

Peut-on donner indifféremment tel ou tel complément à un *adjectif* ou à un *verbe?* 271. — Peut-on dire *cette armée attaqua* et *s'empara* DE LA VILLE? 272.—Comment doit-on placer les compléments? 273. — Si les deux compléments sont d'égale longueur, lequel doit-on placer le premier? 274. — Quelle remarque quand le verbe a pour complément plusieurs mots unis par une des conjonctions *et, ni, ou?* 275.—Les verbes intransitifs (neutres) peuvent-ils avoir un complément direct? 276. — Tous les verbes peuvent-ils avoir indifféremment pour complément des noms de personnes ou de choses? 277.—Après quels verbes faut-il employer *de* ou *par?* 278.

85ᵉ LEÇON.

REMARQUES SUR L'EMPLOI DE CERTAINES PRÉPOSITIONS (1).

279. Les prépositions PRÈS, PROCHE, VIS-A-VIS, veulent DE après elles. Dites : Il demeure *près de, proche de, vis-à-vis de* l'église ; et non : *près, proche, vis-à-vis* l'église.

280. AU TRAVERS veut être suivi de la préposition DE : *au travers des* ennemis. A TRAVERS la rejette : *à travers les* ennemis.

281. PRÈS, AUPRÈS, ne doivent pas être confondus. Le premier exprime seulement une idée de proximité ; le second, une idée d'alentour, d'assiduité. Ex. : Malheur à qui est *près* du trône, c'est-à-dire à *proximité* du trône. Ce jeune enfant est toujours *auprès* de sa mère (il y est assidu).

282. PRÈS DE signifie *sur le point de* : Les beaux jours sont *près de* finir. PRÊT A signifie *disposé à* : L'ignorance est toujours *prête* à s'admirer. Celui qui est *près de* mourir, n'est pas toujours *prêt à* mourir.

283. ENVERS, A L'ÉGARD, VIS-A-VIS. Ne dites pas : Ton ami s'est montré ingrat *vis-à-vis* de moi ; dites : *envers* moi. Ne dites pas non plus : Il était fier *vis-à-vis* de ses inférieurs ; dites : *à l'égard* de ses inférieurs.

86ᵉ LEÇON.

284. ENTRE, PARMI. Ne dites pas : La vérité doit être admise *entre* les hommes ; dites : *parmi* les hommes. *Entre* se dit de deux objets : *entre* Rome et Carthage. *Parmi* se dit d'un plus grand nombre d'objets : *parmi* les hommes, *parmi* la foule.

285. Les prépositions *à, de, en*, se répètent avant chaque complément : *Quand jouirons-nous* DE *la paix,* DE *la tranquillité ? J'ai voyagé* EN *Europe,* EN *Asie et* EN *Amérique.*

----

(1) Dans notre *Grammaire des Écoles primaires supérieures* nous avons traité très longuement des mots invariables, sur lesquels il y avait tant à dire.

286. Toutes les prépositions formées d'une syllabe se répètent quand les compléments n'offrent aucune ressemblance de signification. Ne dites pas : J'ai lu *dans* l'histoire et la géographie ; dites : J'ai lu *dans* l'histoire et *dans* la géographie. Mais on peut dire : Turenne ne perdit pas son temps *dans* la mollesse et l'oisiveté, attendu que ces deux substantifs ont à peu près la même signification.

287. Ne confondez pas AUTOUR et ALENTOUR. *Autour* est une préposition, et est toujours suivi d'un complément : Les soldats se rangèrent *autour de leur chef* ; *alentour* est un adverbe, et ne peut avoir de complément : Les échos d'*alentour*.

288. DURANT, préposition qui exprime une idée de durée sans interruption : il ne faut pas l'employer pour PENDANT. On pourra dire à une personne qui a toujours été heureuse : Vous avez été heureuse *durant* votre vie, et non : *pendant* votre vie ; parce qu'on entend ici toute la durée. Mais on dira : Vous avez fait une belle action *pendant* votre vie. On voit que *pendant* exprime simplement une idée de temps.

87e LEÇON.

REMARQUES SUR L'EMPLOI DE CERTAINS ADVERBES.

289. AUPARAVANT, DEDANS, DEHORS, DESSUS, DESSOUS, sont des adverbes, et comme tels ils ne peuvent avoir de complément. Ne dites pas : *Vous êtes parti* AUPARAVANT *moi* ; *placez le service* DESSUS *la table* ; *mettez ces marchandises* DESSOUS *les rayons*. Dites : *Vous êtes parti* AVANT *moi* ; *placez le service* SUR *la table* ; *mettez ces marchandises* SOUS *les rayons*.

Cependant *dessus, dessous, dedans, dehors*, précédés d'une préposition, admettent après eux le complément de la préposition qui les précède : *Otez le service* DE *dessus la table* ; *cet enfant passa* PAR *dessus les murs*.

On emploie même, sans préposition, les adverbes *dessus, dessous*, quand ils sont opposés : *Il n'est ni dessus ni dessous* la table.

290. PLUS, DAVANTAGE, ne s'emploient pas l'un pour l'autre. *Davantage* ne peut être suivi de la préposition

DE, ni de la conjonction QUE. On ne dira pas : *Il a davantage de brillant* QUE de solide; mais : *plus* de brillant...

291. PLUS TÔT, PLUTÔT, ne signifient pas la même chose. *Plus tôt* s'écrit en deux mots pour signifier *plus vite;* c'est l'opposé de *plus tard :* Si vous fussiez parti *plus tôt,* c'est-à-dire, *plus vite,* je vous aurais donné la préférence. *Plutôt,* en un mot, marque *la préférence :* PLUTÔT souffrir que mourir.

292. DE SUITE, TOUT DE SUITE. La première expression signifie *sans interruption, successivement.* Il ne saurait dire deux mots *de suite.* Il a bu trois coups *de suite.* La seconde signifie *sur-le-champ :* Venez *tout de suite,* c'est-à-dire *aussitôt.*

293. LÀ OÙ. Ne dites pas : C'est *là où* il périt; c'est *là où* je demeure; dites : C'est *là qu'*il périt; c'est *là que* je demeure. — Les adverbes *là* et *où* ne peuvent être juxtaposés qu'autant qu'ils appartiennent à deux membres de phrase différents et qu'ils sont séparés par une virgule, comme dans l'exemple suivant : *C'est ici, où mon père a été enterré, que je veux être enterré.*

294. TOUS DEUX, TOUS LES DEUX. La première expression signifie *l'un avec l'autre.* Ex. : Ernest et Jules dansaient *tous deux* à ce quadrille, c'est-à-dire *ensemble.* La seconde signifie *l'un et l'autre :* Ernest et Jules iront *tous les deux* à la chasse. Ils iront l'un et l'autre, mais pas ensemble. Quelques grammairiens n'admettent pas cette distinction, qui cependant est fondée.

88ᵉ LEÇON.

REMARQUES SUR L'EMPLOI DE QUELQUES CONJONCTIONS.

295. QUOIQUE, en un seul mot, signifie *bien que :* Cet homme a succombé à la maladie, *quoiqu'*il fût fort, c'est-à-dire *bien qu'*il fût fort. QUOI QUE, en deux mots, signifie *quelque chose que :* QUOI QUE vous fassiez, vous ne réussirez pas; c'est-à-dire, *quelque chose que* vous fassiez.

296. PARCE QUE, en deux mots, signifie *attendu que :* Je le fais, *parce que* j'y suis forcé; c'est-à-dire *attendu que* j'y suis forcé. PAR CE QUE, en trois mots, signifie *par cela que, par la chose que : Par ce que* vous dites

je vois que vous avez raison ; c'est-à-dire, *par la cho*
ou *les choses que* vous dites, etc.

297. QUAND, conjonction, est toujours suivi d'u
verbe, et signifie *lorsque* : On est toujours heureu
quand on fait le bien ; c'est-à-dire *lorsqu'*on fait le bien
QUANT A, préposition, signifie *à l'égard de* : *Quant*
votre affaire, j'y penserai longtemps ; c'est-à-dire *à l'é*
gard de votre affaire, etc.

298. Ou, conjonction, ne prend point d'accent grave
où, adverbe de lieu, ou plutôt pronom relatif, en pren
un. On peut toujours mettre le mot *bien* après la con
jonction *ou*, mais jamais après *où*, adverbe ou pro
nom : J'irai à Paris, *où* je vous attendrai : ici *où* pren
l'accent grave. J'irai à Paris, *ou* à Versailles : ici *ou* es
conjonction ; on peut dire, *ou bien* à Versailles. On re
connaît que *où* est pronom quand on peut le tourner pa
dans quel lieu ou *lequel lieu.*

QUESTIONS SUR L'EMPLOI DES PRÉPOSITIONS, DES ADVERBES ET DES CONJONCTIONS.

Peut-on dire : Il demeure *vis-à-vis* le Louvre ? 279. — Il cour
au travers les champs ? 280. — Quelle différence faites-vous entre
près et *auprès* ? 281. — Entre *près de* et *prêt à* ? 282. — Quelle remarque avez-vous à faire sur *envers*, *à l'égard*, *vis-à-vis* ? 283. —
Sur *entre* et *parmi* ? 284. — Quand faut-il répéter les prépositions
à, *de*, *en* ? 285. — Quand faut-il répéter toute préposition formée
d'une syllabe ? 286. — Quelle remarque avez-vous à faire sur *autour*
et *alentour* ? 287 ; — sur *durant* et *pendant* ? 288. — Quelle remarque avez-vous à faire sur les adverbes *auparavant*, *dedans*,
dehors, *dessus*, *dessous* ? 289. — Ne peut-on pas dire : Cet enfant
passa *par dessus* les murs ? — Comment doit-on employer *plus*, *da-*
vantage ? 290. — *Plus tôt* et *plutôt* ? 291. — *De suite* et *tout de*
suite ? 292. — Quelles remarques avez-vous à faire sur *là où* ? 293.
— Sur *tous deux* et *tous les deux* ? 294. — Quand faut-il écrire
quoique en un mot ou en deux mots ? 295. — *Parce que* en deux
mots ou en trois ? 296. — Quelle remarque faites-vous sur *quand*,
conjonction, et *quant à*, préposition ? 297. — Quelle remarque avez-
vous à faire sur *ou* conjonction et *où* adverbe ? 298.

89e LEÇON.

DE LA PONCTUATION.

DE LA VIRGULE.

299. La ponctuation est l'art d'indiquer, par des si

es reçus, le degré de liaison qui existe dans les idées ; il soulage l'esprit et facilite la lecture, en indiquant les pauses que l'on doit faire en lisant.

300. Les signes de la ponctuation sont : la *virgule* (,), le *point-virgule* (;), les *deux points* (:), le *point* (.), le *point d'interrogation* (?), et le *point d'exclamation* (!).

301. On emploie la *virgule* après les substantifs sujets ou compléments d'un même verbe, lorsqu'ils sont placés de suite ; on l'emploie aussi après plusieurs adjectifs qui se suivent. Ex. :

L'*air*, le *feu*, l'*eau*, la *terre* : voilà les quatre éléments.

Ici les substantifs sont séparés par la virgule, parce qu'ils sont sujets.

Vous verrez dans quelques jours votre *père*, votre *mère*, votre *oncle*, votre *tante*, votre *cousine*.

Ici chaque substantif est séparé par la virgule, parce qu'il est un complément de *verrez*.

Le chien est *fidèle, intelligent, docile, vigilant.*

Ici on emploie la virgule après chaque adjectif.

302. On emploie la virgule entre plusieurs verbes placés de suite, soit qu'ils aient le même sujet, soit que les propositions aient peu d'étendue. Ex. :

Vil atome qui *croit, doute, dispute, rampe, s'élève,* tombe et *nie* encore sa chute.

On arrive, on se réjouit, on débarque enfin.

90e LEÇON.

303. On ne met point de virgule entre deux substantifs, deux adjectifs ou deux verbes qui sont unis par une des conjonctions *et, ou, ni*. Ex. :

Le sage est ménager du *temps* ET des *paroles.*

Cet homme se vit bafoué, sifflé *et* joué.

C'est votre père *ou* le mien qui viendra.

Ce n'est *ni* vous *ni* moi qui serons de cet avis.

On emploie pourtant la virgule avant les conjonctions *et, ou, ni,* quand elles sont répétées plusieurs fois dans la phrase, ou quand les propositions ont trop d'étendue pour être prononcées d'un seul trait. Ex. :

Fénelon réunissait à la fois, *et* l'esprit, *et* la science, *et* la douceur, *et* la vertu.

Cet homme a beaucoup de vivacité dans l'esprit, *et* beaucoup de goût.

Cet homme est maintenant à Paris, *ou* ne tardera pas à y arriver.

304. La virgule se place encore avant et après toute partie de phrase qu'on peut retrancher sans dénaturer l'idée principale, comme les mots en apostrophe, les compléments accessoires, les propositions incidentes explicatives ; elle remplace aussi un verbe sous-entendu (1).

Va, *mon fils*, pars, cours, vole où l'honneur t'appelle.

Mon fils est placé entre deux virgules, parce que c'est un substantif en apostrophe, et qu'on peut le retrancher sans nuire au sens de la phrase.

La vie, *disait Socrate*, ne doit être que la méditation de la mort.

Disait Socrate est placé entre deux virgules, parce qu'on peut retrancher ces mots sans nuire au sens de la phrase.

Cicéron, *orateur célèbre*, était éloquent.

Les mots *orateur célèbre* sont placés entre deux virgules, parce qu'on peut dire, sans nuire au sens de la phrase : *Cicéron était éloquent.*

Le ciel est dans ses yeux, et l'enfer, dans son cœur.

On met une virgule après *enfer*, à cause du verbe *est* sous-entendu : *l'enfer* EST *dans son cœur.*

91ᵉ LEÇON.

DU POINT-VIRGULE.

305. On emploie le *point-virgule*, 1° pour séparer les différentes propositions d'une phrase, quand elles ont une certaine étendue. Ex. :

Soyez ici des lois l'interprète suprême ;
Rendez leur ministère aussi saint que vous-même ;
Enseignez la raison, la justice et la paix.

306. 2° Entre deux membres d'une phrase dont les parties sont déjà séparées par la virgule. Ex. :

___

(1) Pour bien ponctuer, il faut absolument connaître l'analyse logique. Voy. mon *Traité d'analyse logique raisonnée ;* prix : 75 cent. chez Langlois et Leclercq, libraires, à Paris.

L'étalon que j'estime est jeune, vigoureux ;
Il est superbe et doux, docile et valeureux ;
Son encolure est haute, et sa tête hardie ;
Ses flancs sont larges, pleins ; sa croupe est arrondie ;
Il marche fièrement, il court d'un pas léger ;
Il insulte à la peur, il brave le danger.

On voit, dans ce passage, que les propositions après lesquelles on a placé le point-virgule ont des parties séparées par la virgule.

307. 3° Entre deux phrases dont l'une dépend de l'autre. Ex. :

Parler beaucoup et bien, c'est le talent du bel-esprit ; parler beaucoup et mal, c'est le défaut du fat ; parler peu et bien, c'est le caractère du sage.

On voit que cette phrase est composée de trois principaux membres, dont le premier finit par les mots *bel-esprit*, après lesquels on a placé le point-virgule ; le second finit par *le défaut du fat*, et est de même nature que le premier membre, duquel il dépend : c'est pourquoi on a employé le point-virgule ; le troisième se termine par *le caractère du sage* ; mais, attendu que c'est la fin de la phrase, on a mis un point. On remarquera aussi que les trois membres sont subdivisés par la virgule.

308. 4° On emploie le point-virgule après des propositions que l'on oppose l'une à l'autre. Ex. :

Il voulait rire comme La Fontaine ; mais il n'avait pas la bouche faite comme lui, et il faisait la grimace. *Mais il n'avait pas la bouche faite comme lui* est une proposition opposée à la première : *il voulait rire comme La Fontaine.*

92ᵉ LEÇON.

DES DEUX POINTS ET DES DIFFÉRENTS POINTS.

309. Les *deux points* se placent après une phrase finie, mais suivie d'une autre qui sert à l'explication de la première. Ex. :

On ne doit jamais se moquer des malheureux : car, qui peut s'assurer d'être toujours heureux ?

Car, qui peut, etc., sert à expliquer la première proposition : *on ne doit jamais se moquer des malheureux.*

310. On emploie les *deux points* après une phrase à la suite de laquelle on va rapporter les paroles de quelqu'un, ou après laquelle on va énoncer une énumération. Ex. :

Alors Narbal dit : Vous voyez, ô Télémaque, la puissance des Phéniciens.

Il faut deux points après *dit*, parce qu'on va rapporter les paroles de Narbal.

Tout me plaît dans les synonymes de l'abbé Girard : la finesse des remarques, la justesse des pensées, et le choix des exemples.

Il faut deux points après Girard, parce qu'on va énumérer ce qui plaît en lui.

311. Le *point* se place après une phrase entièrement finie. Ex. :

L'équité et la charité sont la base de toutes les vertus.

Aimez qu'on vous conseille et non pas qu'on vous loue.

312. Le *point d'interrogation* s'emploie à la fin des phrases où l'on interroge. Ex. : D'où venez-vous? Où va-t-il?

Mais, parle, de son sort qui t'a rendu l'arbitre?

313. Le *point d'exclamation* se place à la fin des phrases qui expriment la *tendresse*, la *pitié*, la *crainte*, la *surprise*, la *terreur*, etc. Ex. :

Que de ressources ne procure pas l'étude!
Ô Dieu! confonds l'audace et l'imposture!

QUESTIONS SUR LA PONCTUATION.

Qu'est-ce que la ponctuation? 299. — Quels sont les signes de la ponctuation? 300. — Comment s'emploie la *virgule?* 301. — Où doit-on l'employer encore? 302. — Quand supprime-t-on la virgule? 303. — N'emploie-t-on pas la virgule avant ou après toute partie de phrase qu'on peut retrancher sans dénaturer l'idée principale? 304.— Comment emploie-t-on le *point-virgule?* 305. — Comment l'emploie-t-on encore? 306. — N'emploie-t-on pas aussi le point-virgule entre deux phrases dont l'une dépend de l'autre? 307. — Ne l'emploie-t-on pas encore après deux propositions que l'on oppose l'une à l'autre? 308. — Comment emploie-t-on les *deux points?* 309.— Comment emploie-t-on encore les deux points? 310. — A quoi sert le *point?* 311. — A quoi sert le *point d'interrogation?* 312. — A quoi sert le *point d'exclamation?* 313.

SUBSTANTIFS DONT LE GENRE PARAIT DOUTEUX.

SONT DU GENRE MASCULIN LES SUBSTANTIFS SUIVANTS :

Abrégé.
Acabit.
Accessoire.
Acier.
Acrostiche.
Acte.
Adage.
Age.
Aide-de-camp.
Aide-de-cuisine.
Aigle (oiseau).
Ail (légume, au pluriel aulx). (1)
Alambic.
Albâtre.
Amalgame.
Ambe.
Amidon.
Anchois.
Ange (du ciel).
Angle.
Anis.
Antidote.
Appel.
Aqueduc.
Arc.
Are.
Armistice.
Artifice.
Astérique.
Asthme.
Astre.

Attirail.
Augure.
Aune (arbre).
Auspice.
Autel.
Balustre.
Centime.
Chanvre.
Cigare ou Cigarre.
Crabe.
Décombres.
Dialecte.
Echaudé.
Echo.
Eclair.
Eloge.
Emétique.
Emplâtre.
Encrier.
Enfant (petit garçon).
Epiderme.
Epi.
Episode.
Epitaphe.
Equilibre.
Equinoxe.
Espace.
Etage.
Evangile.
Eventail.
Evier.
Exemple (de vertu).

Exorde.
Hémisphère.
Holocauste.
Hospice.
Hôtel.
Indice.
Intervalle.
Isthme.
Ivoire.
Légume.
Mânes.
Monticule.
Obélisque.
OEuvre (d'alchimiste de musicien de graveur).
Office (de l'Eglise).
Ongle.
Orage.
Organe.
Ouvrage.
Parallèle (entre César et Alexandre).
Parafe ou Paraphe.
Période (le plus haut point où l'on puisse arriver).
Pleurs.
Poêle (drap mortuaire).
Pourpre (maladie).
Relâche (repos).

SONT DU GENRE FÉMININ :

Agrafe.
Aide (secours).
Aigle (t. enseig. milit.).
Aire.
Alcôve.

Allure.
Amnistie.
Anagramme.
Anecdote.
Anicroche.

Argile.
Arrhes.
Artère.
Antichambre.
Anse.

---

(1) L'Académie a écrit aussi : des *ails*. Il vaut mieux dire des *gousses d'ail*.

Asperge.	Enclume.	Nacre.
Aune (mesure).	Enfant (petite fille).	OEuvre (p. de l'esprit).
Avalanche.	Épidémie.	Office (de table).
Avant-scène.	Epigramme.	Onglée.
Avarie.	Epithète.	Outre.
Caution.	Equivoque.	Parallèle (ligne).
Courroie.	Espace (terme d'impr.)	Paroi.
Décrottoire.	Fibre.	Patère.
Dinde.	Glaire (d'œufs).	Poêle (ust. de cuisine)
Ebène.	Hémorragie.	Pourpre (étoffe).
Echarpe.	Hydre.	Poutre.
Eclipse.	Hypothèque.	Sentinelle.
Effigie.	Idole.	Stalle.
Ellipse.	Immondices.	

LOCUTIONS VICIEUSES.

Ne dites pas :	*Dites :*
On ne me voit pas à rien faire.	Sans rien faire, ou oisif.
Nous étions dix à douze dans cette réunion.	Nous étions dix ou douze.
Venez à bonne heure.	Venez de bonne heure.
Cette femme a l'air hautaine, courageuse, méchante, etc. (1)	Cette femme a l'air hautain, courageux, méchant, etc.
Vin d'Alicant.	Vin d'Alicante.
Allumez la lumière.	Allumez la chandelle, donnez de la lumière.
De la bonne amadou.	De bon amadou.
Chat angola.	Chat angora.
Cet homme a des grandes angoises.	De grandes angoisses.
Allez aux antipotes.	Allez aux antipodes.
Une arche de triomphe.	Un arc de triomphe.
Un arguillon.	Un ardillon.
Avant-hier. *prononcez :*	Avant-ier.
Apparution.	Apparition.
L'appel est faite.	L'appel est fait.
Bailler aux corneilles.	Bayer aux corneilles
Ce vin m'a fait bien du bien.	Beaucoup de bien.
Cet homme est bileux.	Cet homme est bilieux.
Je bisque, il bisque.	Je peste, il peste, ou enrage.
Une bûche de bois.	Une bûche.
Il brouillasse.	Il bruine.

---

(1) L'Académie a adopté, comme plusieurs grammairiens : Cette femme a l'air hautaine. Le bon sens doit vous guider dans cet accord, et le mieux est d'éviter ces tournures de phrase; dites : Cette femme a l'air d'*être* courageuse, méchante, etc.

Ne dites pas :	*Dites :*
cahotement de la voiture.	Le cahot.
...neçon.	Caleçon.
...sterole.	Casserole.
...ne voix de centaure.	Une voix de stentor.
...tte porcelaine est casuelle.	Est fragile.
...e la castonnade.	De la cassonade.
...t fièvre célébrale.	Fièvre cérébrale.
...es cercifis.	Des salsifis.
...hipoteur, chipoteuse.	Chipotier, chipotière.
...omme de juste.	Comme de raison.
...ne affaire conséquente, une ville conséquente, un marché consé-quent.	Une affaire importante, une ville considérable, un marché impor-tant ou considérable.
...blidor.	Corridor.
...ontrevention.	Contravention.
...orporence.	Corpulence.
...e vent coupe la figure.	Le vent cingle la figure.
...e couvert du pot.	Le couvercle du pot.
...a couverte de mon lit.	La couverture de mon lit.
...l marche à croche-pied.	Il marche à cloche-pied.
...ne décesse de parler.	Il ne cesse de parler.
...l demande excuse.	Il fait ses excuses.
...épéchez-vous vite.	Dépêchez-vous.
...épersuadez-le.	Dissuadez-le.
...isparution.	Disparition.
...onnez-moi-z-en.	Donnez-m'en.
...es écosses de pois.	Des cosses de pois.
...l dort la grosse matinée.	Il dort la grasse matinée.
...l fait du mauvais sang.	Il fait de mauvais sang.
...es écailles de noix.	Des écales de noix.
...l s'est échigné.	Il s'est échiné.
...mbauchoirs de bottes.	Des embouchoirs de bottes.
...n outre de cela.	Outre cela.
...l vint sur l'entréfaite.	Il vint sur les entrefaites.
...lexir.	Elixir.
...rysipèle.	Erésipèle.
...squilancie.	Esquinancie.
...Maître d'espadron.	Maître d'espadon.
...l fait une maladie grave.	Il a une maladie grave.
...albana.	Falbala.
...Cet enfant est farce, il m'a fait des farces.	Cet enfant est farceur, il m'a joué des farces.
...A la bonne flanquette.	A la bonne franquette.
...ai la fringale.	Faim canine.
...Votre père est fortuné.	Votre père est riche.

7.

Ne dites pas :	*Dites :*
Du gomme arabique.	De la gomme arabique.
Noir comme un geai.	Noir comme du jais.
C'est une géanne.	C'est une géante.
Tu l'as gifflé.	Tu l'as souffleté.
Il nous gouaille.	Il nous raille.
Il est de bonne guette.	Il est de bon guet.
C'est un gourmeur de vin.	C'est un gourmet.
Une hémorragie de sang.	Une hémorragie.
Quelle heure qu'il est ?	Quelle heure est-il ?
Dans ce moment ici, ces jours ici.	Dans ce moment-ci, ces jours-ci.
Cet enfant est impardonnable.	Cet enfant est inexcusable.
Cet enfant est pardonnable.	Cet enfant est excusable.
Un jeu d'eau.	Un jet d'eau.
Il jouit d'une mauvaise santé, d'une mauvaise réputation.	On jouit d'une bonne santé, d'une bonne réputation ; mais on ne jouit pas d'une mauvaise santé. Dites : Il a une mauvaise santé, une mauvaise réputation.
Laveuse de lessive.	Une blanchisseuse.
Levier de cuisine.	Un évier.
Las (fatigué). *prononcez :*	Mon frère est las, ma sœur est lasse.
Serviette à linteaux.	Serviette à liteaux.
Je lui en défie.	Je l'en défie.
La mairie. *prononcez :*	La mairie, et non la mairerie.
Je fus forcé malgré moi d'y aller.	Je fus forcé d'y aller.
Humeur massacrante (1).	Humeur insupportable.
Je l'ai perdu par mégard.	Je l'ai perdu par mégarde.
Matéreaux.	Matériaux.
Venez à midi précise, ou vers les midi.	Venez à midi précis, ou vers le midi.
Il arrive comme mars en carême. Il arrive comme marée en carême	Ne confondez pas ces deux locutions proverbiales. La première se dit pour marquer qu'une chose arrive toujours en certain temps, comme le mois de mars dans le carême. — La seconde s'emploie pour signifier qu'une chose arrive fort à propos, comme la marée dans le carême.
Sur les minuit, vers les minuit.	Sur le minuit, vers le minuit.

(1) Cette expression est adoptée par l'Académie et les grammairiens.

Ne dites pas :	*Dites :*
L'air minable.	L'air misérable.
Missipipi.	Mississipi.
Monsieur, Messieurs. *prononc.:*	Mossieu, messieu.
Observer; je vous observe que, etc.	Je vous fais observer que , etc.
Une forêt ombrageuse.	Une forêt touffue, épaisse.
Un palfernier.	Un palefrenier.
Ma parafe.	Mon parafe.
Il faut pardonner ses ennemis.	Il faut pardonner à ses ennemis.
La pantomine.	La pantomime.
J'ai fait une pariure.	J'ai fait une gageure.
Un paroi.	Une paroi.
Rue passagère.	Rue passante.
Emploi pécunier.	Emploi pécuniaire.
Donnez-m'en un petit peu.	Un peu ou très peu.
Tant pire.	Tant pis.
Pluriel. *prononcez :*	Pluriel et non plurié.
Réguiser un couteau.	Aiguiser.
Rancuneur.	Rancunier.
Rébarbaratif.	Rébarbatif.
A la rebour.	Au rebours de, ou à rebours.
Il a recouvert la vue, la santé.	Recouvré la vue, la santé.
Reculer en arrière.	Reculer.
Remplir un but.	Atteindre un but.
Cet enfant est réprimandable.	Est répréhensible.
Où restez-vous?	Où demeurez-vous ?
Revange.	Revanche.
Une secoupe.	Une soucoupe.
De la semouille.	Semoule.
Chemin sableux.	Chemin sablonneux.
Saigner au nez.	Dans tous les cas, il faut : saigner du nez.
Si j'étais que de vous.	Si j'étais vous, ou à votre place.
Une heure de temps ou d'horloge.	Une heure.
Tête d'oreiller.	Taie d'oreiller.
Il a perdu la tramontade.	La tramontane.
Vaille qui vaille.	Vaille que vaille.
Plante vénimeuse.	Plante vénéneuse.
Vessicatoire.	Vésicatoire.
Faire la volte.	Faire la vole.
Voyons-voir, regardez-voir.	Voyons, regardez.

EXERCICES SYNTAXIQUES (1).

Les élèves corrigeront aussi les fautes de ponctuation.

Avant de faire faire les exercices suivants, interrogez les élèves sur les nᵒˢ 179 et suivants.)

PREMIER EXERCICE. Mes enfants suivez les bons exemples que vous ont données vos parents Imitez les beaux exemples d'écriture que votre maître vous a fait Que les délices de la vertu sont ravissants Les petits Savoyards marchent ordinairement nu-pieds et tête nu Henri IV fut assassiné à trois heures et demi du soir Les demies-mesures sont funestes Ces offres sont trop flatteuses pour que je les refuse Le bel autel élevée sur cet monticule a été détruit par la tempête Un grand nombre de personnes croit que le bonheur consiste dans les richesses Cette pêche n'est pas mure elle est amère et sure Ces hommes sont de véritables boutes-feux.

2ᵉ. Pourriez-vous me tuer un couple de perdrix semblable à celui que vous m'avez montré Il a tonné pendant deux heures et demi et la pluie n'a tombée que pendant une demie-heure Ces prunes sont sûres parce qu'elles ne sont pas encore mures Mettez-vous sûr vos gardes cette forêt n'est pas sure Le patriarche Noé conserva dans l'arche une couple de chaque espèce d'animaux L'orage que nous avons essuyée en route était bien forte les éclairs étaient multipliés et effrayants Cet homme dans sa chute a reçu plusieurs contre-coups Ce marchand vend des tires-bouchons et des portes-mouchettes.

3ᵉ. Nous avons vu des orgues charmants dans les églises d'Allemagne la meilleur orgue est celle que nous avons entendu jouer à Prague Nous avons entendu avec plaisir ces musiciens il y avait parmi eux des basses-taille qui ont exécuté des concerto qui leur ont attiré des bravo Après avoir récités plusieurs paters et avés je me mis à entre-

---

(1) Voy. le *Glaneur grammatical*, ou *Dictionnaire des difficulté ; chez Langlois et Leclercq. Paris. Prix : 1 fr. 75 cent.

prendre un ouvrage important Nos jardins produisent
de bons et excellents légumes L'évangile de la passion
est le plus long de tous Ma petite sœur est un enfant
bien studieux Les ténèbres de l'ignorance se sont dissi-
pées Je vous remercie du couple d'oignons de tulipes
que vous m'avez envoyées Le trop de parcimonie que
vous avez montrée dans les divers soirées que vous avez
donné vous a beaucoup nui dans l'esprit des gens que
vous y aviez invitées.

4ᵉ. J'ai l'épiderme de la main très épais en cet endroit Cette enclume est fort bien faite et très dure Tous
les peintres se servent d'appuies-mains De quelle espèce
sont vos portes-montres Nous avons eu tant de chagrin
de nous quitter que nous avons versé l'un et l'autre des
pleurs abondantes Nous avons vu passer une troupe de
soldats armée de pied en cap Jérusalem est à quatre cents
myriamètres sud de Paris L'usage du café vint de Cons-
tantinople à Paris vers l'an mille six cent soixante-douze
La Chine a deux cent cinquante myriamètres de long sur
deux cent quinze de large Cet homme vous a prêté deux
mil écus Faites-moi présent d'une marcotte de vos œillets jaunes serins Si vos eaux-de-vies sont bonnes appor-
tez-moi-s'en une couple de bouteilles.

5ᵉ. Ces légumes sont excellents quand ils sont bien
cuits Ernest a cassé trois pots à fleur Sans avoir beaucoup de corpulence cette personne est bien proportionné
pour sa taille Quand ces fraises seront mures nous les
cueillirons Nous sommes séparés l'un de l'autre par une
intervalle de trois lieues et demi Les demies-mesures ne
sont pas toujours bonnes Cette réponse est d'un bon augure Cet homme fait continuellement des coqs-à-l'âne
J'ai loué à l'église une jolie stalle pour mon fils Ce village
est à six mille de la ville. Ce corps d'armée est composé
de vingt-cinq milles hommes Mon père est mort à quatre-
vingts ans et le tien à quatre-vingts cinq. Dix-sept porte-
drapeaux furent tués dans la bataille où périrent dix-
neuf mille huit cents quatre-vingts-quinze soldats.

6ᵉ. Chaque fois que je vais au bain, je suis sur de vous
y rencontrer Cette oseille est très sur La nacre de cette
boîte à cure-dent est fort brillante Un coup de chasse-
mouche a coûté cher au dey d'Alger en 1830 Les opéra

sont des pièces de théâtre mises en musique et accompagnées de danse il y a des solo des duo des trio des quatuors etc Vous avez à vos rideaux des grandes patères de bronze qui font un charmant effet Les coffre-fort doivent être construits solidement dans la crainte des voleurs Voilà des poires d'un bon acabit je pense que ce sont des messires-jeans Vous ne vendrez pas cette propriété deux cents quatre-vingt dix mille franc Bonaparte a fait plusieurs vices-rois et leur a donné des vices-royautés Cette troupe de brigands se sont répandus dans nos campagnes.

7ᵉ. L'apologue que nous avons entendu lire ce matin vous a-t-il plu Le porc-épic est un animal de l'espèce des hérissons Nous devons honorer les mânes glorieux de ce héros Pourquoi a-t-on placé une sentinelle à votre porte Le médecin m'a ordonné de prendre pour mon rhume de la réglisse anisée Athène présente encore de beaux décombres La multitude de curieux que nous avons rencontré se sont réunis dans les lieux où se trouvait une multitude de jeux qu'on avait établie pour y attirer la foule Votre mère est très bonne c'est dommage qu'elle ait l'air si froide et si réservée Souvent les délices que procure la fortune sont faux et mensongers Feue ma grande mère disait souvent qu'on doit toujours tenir à sa parole qu'on a donné Ma feu mère était très spirituelle.

8ᵉ. J'ai l'ouïe tellement fine qu'on ne peut rien dire sans que je l'entends Quand la maladie arriva à sa dernière période la lune venait de terminer son période Les mendiants vont nus-pieds et les flatteurs nus-têtes Cet homme a passé sa vie dans les corps-de-gardes Un couple de bœufs sont suffisants pour traîner une charrue Des bons pistolets sont des excellents porte-respects Des épaisses ténèbres obscurcissaient la voûte des cieux Les chat-huant et les loup-cervier habitent les forêts Cette horloge sonne les heures les demi et les quarts On ne voit goutte dans cette alcôve elle est noire comme une cheminée Cette assemblée de savants se sont réunis pour décider une question Un peuple de guerriers enfantent des héros Une multitude d'hommes s'est reunie chez vous.

(Interrogez les élèves sur les n°s 201 et suivants.)

9e. Ces voyageurs ont parcouru l'ancien et le nouveau monde Mes père et mère m'ont élevé dans la religion catholique c'est pourquoi je veux et j'espère y vivre et y mourir chrétiennement ainsi que mes frères et sœurs Voilà un beau jardin j'admire ses allées Ce négociant vous a expédié deux cents mètres de drap et à moi six cents quatre-vingts mètres de cotonnade Remettez ces paquets chacun à leur place Chacun de vous messieurs me répond de cet homme Nuls hommes ne doivent servir deux maîtres à la fois Les hommes les monuments les villes mêmes sont frappés par la faulx du temps Les formules d'admiration outrée nuisent aux ouvrages mêmes les meilleurs Madame êtes-vous maîtresse de pension Oui je la suis Etes-vous la maîtresse de pension de ma cousine Oui je le suis.

10e. Les plaisirs du monde ne peuvent donner qu'une trompeuse et fausse félicité Nous avons vu dans votre société des hommes instruits et ignorants Ceux que j'ai vus le plus frappés de la lecture des Horace et des Cicéron sont des esprits du premier ordre Mon brave et mon digne ami a tout fait pour moi Ces femmes portent leur coiffure très haute c'est ce qui les fait marcher droites Cette maison est bien bâtie sa façade surtout est construite avec goût Je crains de devenir pulmonique tant j'ai mal à la poitrine Quelques grands biens que vous possédiez vous ne serez jamais riche si vos dépenses excèdent vos revenus Nous naquîmes tous deux dans la même maison et nous fûmes élevés tous les deux ensemble.

11e. Quelqu'éloges qu'on ait décerné à la plupart des conquérants ils ont été les ennemis du genre humain quelques célèbres qu'ils soient quelque victoires qu'ils aient remportées quelque soient leurs talents militaires quelque soit leur volonté de faire le bien ils ont toujours fait le mal Vos promesses toutes agréables qu'elles sont tout séduisantes qu'elles paraissent ne produiront pas l'effet sur qui vous comptez Vit-on jamais une femme plus infortunée que je la suis Les Arabes les sauvages mêmes ne seraient pas capables d'une action aussi barbare Ce jeune homme déclame avec un sentiment une chaleur étonnant Il y a des personnes qui dorment les yeux et la bouche ouvertes Nous paierons à la nature le tribut que tous les hommes paieront chacun à leur tour.

12°. Il met dans tout ce qu'il fait un goût et une grâce charmantes Vous rappelez-vous cette dame qui avait les cheveux châtains clair et une robe bleue-foncée Danaüs ayant appris de l'oracle qu'il serait tué par ses gendres exigea de ses filles qu'elles massacrent chacune son mari toutes en effet poignardèrent chacune son époux Cette pièce n'a pas réussi on a trouvé que son style est trop simple et que l'intrigue ne l'est pas assez Mes père et mère mes oncles et tante m'ont appris l'ancien et nouveau testament Certaines gens qui se disent dévotes sont néanmoins tellement pressées de sortir de l'église qu'elles quittent souvent avant que le dernier évangile soit dit Les femmes grecques et romaines se brunissaient leurs yeux comme les femmes de l'orient.

13°. Entre les peines et afflictions de cette vie il y en a peu dont on ne peut se consoler si nous portons nos regards vers le ciel Aux yeux de l'envie la réputation le mieux établie n'est qu'une erreur publique Nous avons passé toute la nuit à réfléchir sur notre nouvelle position et lorsque le lendemain nos enfants sont entrés dans notre appartement ils ont été tous étonnés de nous trouver tout habillés Quelque soit la confiance que vous ayez en vos forces quelles que grandes que soient vos vertus gardez-vous de fréquenter des gens vicieuses Il y a toujours en elles quelque chose de contagieuse Quelque chose que vous m'ayez dit je ne l'ai point entendu Je vous ai pourtant dit quelque chose de fort amusant.

14°. Ces jeunes gens sont arrivés tous abattus tous harassés de chaleurs qu'il a faites dans la journée Notre père exige que nous partons aujourd'hui ce n'est pas moi qui se ferait prier pour lui obéir Sache donc mon fils que c'est toi qui est le seul élève qui m'ait donné quelques satisfaction tu sais aussi que c'est moi qui s'intéresse le plus à ton instruction Chacun de vous messieurs me répond de la vie de cet homme Chacun de ces messieurs veut avoir raison avant qu'ils aient donné chacun son avis Je vous demanderai une chose dont j'ai besoin Je connais une personne qui n'est point estimé des gens sensées Quelque trésors que nous possédions quelques puissants que nous soyons quelque soit notre autorité dans le monde nos désirs ne seront jamais satisfaits.

15°. Tout enfant gâté par ses parents sera dans la suite le fléau de la société et le tourment de ceux même qui lui ont donné le jour Quelques soldats de l'armée ennemie sont venu se promener dans notre ville nos jeunes et vieux officiers les ont très bien accueilli L'amour-propre n'est pas un guide à qui nous pouvons nous confier Vous raisonnez comme un homme qui connaissez tout C'est donc vous qui a fait ces beaux livres que notre maître nous a fait lire C'était vous sans doute qui s'intéressait à mon cousin et qui s'occupait si généreusement de le bien placer En traduisant cet auteur on a omis des citations et passages mêmes touts entiers Les passages que vous avez trouvé faibles sont les passages même que j'ai condamné.

16°. Conduisez-vous de manière à ce que nous n'avons aucun reproche à vous faire Je les ai comdamné à copier chacun leur thême cinq fois Ces estampes sont jolies elles m'ont coûté deux cents francs chaque Dites-leur de se présenter chacun à leur tour et d'apporter chacun son devoir Fut-il au monde une femme plus respectée plus environnée d'égards que je la suis Ne compte que sur moi mon cher fils disait une veuve à son enfant il n'y a que moi qui s'occupe de ton bonheur et qui s'attache sérieusement à ton éducation C'est donc toi mon fils qui sut te faire aimer de tes maîtres et qui remporta le prix de vertu C'est à vous mes amis que je m'adresse pour savoir à qui appartient le cheval qui court à travers nos champs.

17°. Madame sera-t-elle présentée à la soirée? non je ne la serai pas Cette maison est très spacieuse et rien n'approche d'elle pour l'élégance des bâtiments Oui mes camarades c'est moi qui osais réclamer pour vous qui sus faire écouter vos plaintes mais gardez-en le secret car si l'on le savait je serai puni Il n'y a donc que toi seul mon véritable ami qui prend part à nos peines qui sait nous apprécier et qui ose tout pour des amis malheureux Ernest et sa sœur ne se ressemblent guère Celle là est toujours occupée celui ci est toujours oisif L'on rend un grand service aux enfants si l'on les éloigne des mauvaises compagnies Mes amis si on vous demande où nous sommes vous direz que lorsque vous nous avez rencontré nous ignorions nous-même où on nous conduisait.

18e. Toutes injurieuses toutes offensantes que sont vos paroles je n'y fais aucune attention Personne n'est étonné de ce qu'ont fait ces enfants pas une personne n'en est surprise De quelque vertus que fùsse doué Vespasien quelque brillantes qualités qu'il ait possédé quelque fut la tendresse et le respect du peuple à son égard Titus son fils fut plus vertueux et plus populaire encore C'est à lui à qui on a donné le beau surnom de Délices du genre humain Il n'était occupé qu'à faire du bien Un jour qu'il ne l'avait fait à personne il s'écria tristement le soir *J'ai perdu ma journée* Cet homme a tombé d'un arbre et s'est fait une blessure dangereuse à sa tête Ce sont votre frère et votre sœur que j'ai rencontré ce matin c'est vos neveux que j'ai conduit en pension.

19e. Ce n'est pas moi monsieur qui vous ai écrit cette lettre impolie de qui vous parlez C'est toi mon frère qui a manqué à ton ami et qui lui a fait des reproches qu'il ne méritait pas Sont-ce nous qui vous ennuyaient et qui vous ont tourmenté Ce sont vous mes amis que le ciel bénira car vous avez à cœur de complaire et d'honorer vos parents Puisque cet enfant a mérité punition il la recevra C'est les aigles romaines qui ont soumis le monde Fuyez les curieux c'est à coup sur des indiscrets C'était nous qui étaient appelés à ces nouveaux emplois mais ce furent vous messieurs par vos sollicitations qui furent nommés à notre place Ce sont la justice et la bonté de la reine qui l'ont rendu digne de la régence.

20e. Quelqu'ait été la justice et la vertu d'Aristide quelque belles qualités qu'il ait possédé l'on ne peut dire que sa vie ait été respectée par la calomnie C'est donc toi qui s'est montré ingrat envers ton bienfaiteur et qui m'a abreuvé de dégoûts C'est vous hypocrites qui prêchent la vertu et c'est vous qui la pratiquent le moins Vous êtes sans doute marchande oui je la suis Vous êtes la marchande que j'ai fait demander oui je la suis Je suis l'homme qui vous a fait le plus de bien et vous vous êtes l'homme qui m'avez fait le plus de mal La totalité des pays de l'Afrique n'ont pas encore été explorés La multitude des canaux qui coupent la Hollande servent à transporter les denrées.

(Avant de faire faire les exercices suivants, interrogez les élèves sur les n°s 244 et suivants.)

21e. Le repos la tranquillité sont ordinairement le partage de l'homme qui méprise les richesses J'ai entendu ce discours qui est écrit sur la bonne et mauvaise conduite et y ai vivement applaudi Que la condition des hommes est méprisable puisqu'ils ne savent pas s'estimer l'un l'autre Ce prince qui était en guerre depuis long-temps employa tous les moyens possibles pour la terminer Cet ouvrage ne ressemble pas à ceux publié par cet auteur Aristipe croyait que pauvreté valait mieux que l'ignorance parce que celle-ci n'est qu'une privation des richesses au lieu que celle-là est une privation d'entendement.

22e. On dit qu'Aristipe s'endormait quelquefois tenant dans sa main une boule de cuivre au-dessus d'un bassin afin qu'en tombant dans le bassin elle le réveille Il disait qu'il n'y avait que l'étude et la sagesse qui puisse éclairer l'ame J'aime les enfants et je les pardonne volontiers de leurs fautes lorsqu'ils paraissent vouloir s'en corriger Les douaniers sont sortis ce matin vers le lever de l'aurore ils ont aperçu une bande de contrebandiers ils les ont poursuivi et n'ont point tardé à les attraper.

23e. Le sel et le sucre se dissoudent dans l'eau Les brouillards se résoudent en pluie Dieu a dit malheur aux hommes pervers qui se revêtissent du manteau de l'hypocrisie Cette eau ne bout pas mais elle bouillera bientôt Vous vouliez que je conclus avec vous un arrangement qui répugnait à ma délicatesse Est-ce là les livres dont vous m'avez parlé Oui ce sont eux Moi et ma mère désiraient se lier avec vous J'étais au moment d'aller coucher lorsque vous êtes arrivé et je fus promener avec vous Je vous ai dit que la vertu n'était pas une vaine chimère La vivacité ou la langueur des yeux sont un des principaux caractères de la physionomie J'ai pu désirer que vous vous occupiez de cette affaire mais maintenant je renonce aux offres obligeantes que vous m'avez fait Le temps ainsi que les circonstances me font présager que vous manquerez à votre parole.

24°. Est-ce là les devoirs que je vous ai donné à faire Oui c'est eux Je sais qu'il a demandé cette faveur mais je doute qu'on lui accorde J'ai appris cette semaine que votre frère était mort d'une fièvre cérébrale Est-ce vous ou votre ami qui ont rédigé cette demande Non ce sont mon frère et moi qui l'ont faite Il n'est pas de sacrifices que je ne sois disposé à faire s'il dépendait de moi de vous rendre la santé J'ignorais que vous soyez venu hier dans l'intention de me voir Hiérophile philosophe grec ainsi que Descartes place l'ame dans le centre du cerveau L'armée à qui on avait donné ordre de passer les Apennins vient de recevoir celui de se transporter dans les Pyrénées Le siége d'Azoth dura vingt-neuf ans c'est le plus long siége qu'il fut question dans l'histoire ancienne.

25°. Ce prince a monté bien jeune sur le trône de ses aïeux il a descendu dans la tombe avant qu'il eut eu le temps de mettre à exécution les projets qu'il avait conçu Avec quoi avez-vous déjeuné ce matin Avec du café au lait Pardonnez ma sœur à ces pauvres enfants car ils sont repentant de vous avoir offensé Quels sont ces enfants Ce sont mon fils et ma fille C'est donc eux qui ont venu me voir hier Non c'était mes deux filles aînés Cet ouvrage est excellent il l'emporte sur tous ceux composés dans ce genre Les nations les plus raisonnables ne sont pas assurément celles qui raisonnaient le mieux sur leurs devoirs c'est celle qui ont coutume de les pratiquer le mieux Ce mal est bien alarmant Il semble qu'on ne peut y porter remède La faute la plus légère une pensée même peuvent nous rendre coupables.

26°. Pythagore gravait les principes de la pudeur et de la piété dans les ames et voulait qu'on tienne un milieu entre la joie excessive et la tristesse Qu'on cultive sa mémoire qu'on ne dise et ne fasse rien dans la colère qu'on aime à chanter les louanges de Dieu et des grands hommes Lamotte disait que la jalousie était un hommage maladroit que l'infériorité rendait au mérite D'épais ténèbres couvraient la terre mille tonnerres se faisaient entendre il semblait que les éléments confondus se fassent une guerre effroyable et que toute la nature se replonge dans le chaos La calomnie s'établit sans peine le temps découvre sa fausseté Il était nécessaire que ce chef vainquisse ou qu'il meurt Si on dit que le soleil paraît tourner autour de la terre c'est une fausse apparence ce sont nous au contraire qui tournent autour de lui.

27°. C'est un travail constant une application soutenue qui seules peuvent aplanir les difficultés de la langue française Je préparai d'avance ma sœur à cette nouvelle afin qu'elle ne soit pas surprise lorsqu'elle l'apprendra J'ai été informé par la carte que vous aviez laissée chez mon portier de la peine que vous aviez prise de passer chez moi J'ai défendu qu'on vînt me trouver pendant que je travaillerais L'on voit beaucoup de personnes aimer la vie et ne pas jouir d'elle Nous devons obéir et chérir les bons maîtres Cet officier est content du métier de la guerre Il semble qu'on apprend d'un maître en écoutant ses leçons et qu'on s'instruise par soi-même en faisant des recherches.

28°. Une foule de curieux était arrêté devant ma porte; Vous êtes le meilleur enfant qu'il soit possible de trouver Moi et votre ami suivent la même carrière Croyez-vous que je m'avance aussi loin si je n'étais certain de réussir Votre ami est encore loin de recouvrer la santé Il me tardait que vous soyez arrivé pour que je vous fasse part d'un projet que j'ai conçu L'homme comme tous les animaux ont la même origine Ces propriétés sont attenantes et dépendantes des miennes Il est difficile de comprendre comment ces enfants étaient dociles et contents de leurs devoirs puisqu'ils sont nés avec de mauvaises dispositions et qu'ils sont enclins à la dissipation Il a engagé les révoltés à rester tranquilles les assurant qu'ils n'avaient rien à craindre.

29°. Dès la première fois que je vis ce jeune homme son aménité sa douceur m'ont charmé J'ai à vous faire part d'une bonne nouvelle mais pour l'apprendre il faudrait que vous veniez me voir comme vous le promîtes ce mois-ci et que vous restiez quelques jours chez nous Votre père et votre mère m'ont écrit que vous étiez à Paris Je suis bien aise de vous y voir Votre ame a-t-elle perdu ce courage cette énergie qui l'animait autrefois Au lieu de chercher à réparer par l'étude le temps que votre négligence vous a fait perdre vous continuez à aller de mal en pis Il semble que pour battre il faut redoubler les coups et que pour frapper il suffit d'en donner un Les personnes qui n'ont peur de rien sont les seules qui font honneur à notre espèce Je doute que les vins de Falerne eussent été plus renommés que ceux de Champagne et de Bourgogne.

3o^e. Toutes affreuses toutes horribles toutes révoltantes que furent les cruautés de Tibère elles n'égalèrent pas celles de Néron Quelques cachés que soient vos crimes quelque soient les soins et les peines que vous vous donnez pour les dissimuler ils ne peuvent échapper à l'œil de la justice éternelle L'homme sage implore et attend tout son bonheur de la Providence Cet élève a mal parlé à son maître et a désobéi Ernest est chéri et agréable à ses parents Je ne doutais pas que vous ne veniez à bout de cette entreprise seulement j'aurais désiré que vous y mettiez un peu plus de zèle Je suis passé ce matin chez mon notaire je le trouvai à son étude et il me remit les pièces que tu lui as demandé hier.

3i^e. Un soir du mois dernier je suis allé promener aux Tuileries et j'y ai rencontré un ami qui m'a prié de tenir son fils sur les fonds de baptême L'étude de la langue grecque et latine présente à peu près les mêmes difficultés Si ce n'est point eux qui ont causé ce dégât ne seraient-ce pas ces méchants enfants Vous êtes le seul ami en qui j'ai de la confiance Vous êtes si bon qu'il n'y a personne qui ne veuille vous ressembler Faut-il qu'il feint de ne pas vous connaître dans votre malheur Cet enfant est bien le plus insupportable que j'ai connu de ma vie C'est à ces sœurs hospitalières que nous devons notre santé Vous pouviez repousser la force par la force car après tout les lois permettent de s'opposer et de repousser la violence quelque fussent les personnes qui nous attaquassent.

3a^e. Épicure nous a appris que le bonheur de l'homme était dans la jouissance et que la jouissance consistait dans la vertu Je me rappelle madame vous avoir entendu raconter cet événement qui a eu des suites si funestes Je suis charmé de la beauté de votre maison et de voir les sites pittoresques qui l'environnent il me semble que rien ne soit plus propre à inspirer la muse pastorale J'avais à supporter tout le poids du travail il fallait que j'aille et que je vienne pour vaquer aux soins du ménage Quelque grandes victoires qu'ait remporté Bonaparte quelques lauriers qu'il a cueilli quelque brillants qu'ait été ses succès quelques nations qu'il a soumis il n'a pu éviter de mourir prisonnier sur un aride rocher Tout fière tout altière qu'était avec les grands Elisabeth d'Angleterre elle était toute autre avec les simples particuliers Tout spirituels tout parfaits que sont les sages ils ont encore bien des défauts.

33ᵉ. La plus grande injure que l'on puisse faire à un honnête homme est de se défier de sa probité Il n'est point de dispute qui ne doit se terminer par une réplique de part et d'autre Sa droiture son honnêteté le font rechercher de tout le monde La force du corps comme celle de l'esprit disparaissent dans les maladies graves Faites-lui cette opération bien vite de peur qu'il ne meurt Le commerce à qui vous vous appliquez et la profession à qui vous vous dévouez sont honorables C'est toi Ernest qui se trompe et qui s'amuse à de vaines recherches Ce sera vous mes enfants qui s'assiéront sur ce banc de gazon et qui y joueront Votre sœur est toute émue elle est toute honteuse de sa conduite Quel que peuve être la faute qu'il ait fait on lui pardonnera.

34ᵉ. Je négligeai mes devoirs cette semaine mais je les ai soigné très bien la semaine dernière Ton ami m'a écrit la semaine passée et je lui répondis cette semaine je doute que tu as raison de le faire venir à Paris Nous tremblons que ton père n'eût tort dans cette affaire et qu'il ne croit avoir raison Doutes-tu que ton avocat n'écrit mieux que moi et qu'il ne comprend pas aussi bien ton affaire que je la comprends. Il était nécessaire que je fasse ces emplettes et que je retourne sur-le-champ à la maison Ma fille est portée et est avide de la lecture Nous sommes tous amis et accoutumée à l'étude Il fallait que la sottise ou la méchanceté la perde Ces enfants sont sortis de peur qu'on ne les enferme.

35e. Sensibles aux charmes de l'éloquence les anciens ne pouvaient se persuader que la rhétorique soit une invention humaine ils la regardaient comme le plus riche présent qu'ils aient pu recevoir des dieux Tel est l'inconstance et la faiblesse des hommes ils se promettent tout d'eux-mêmes et ils ne résistent à rien La quantité de perdrix que nous avons aperçue étaient si grandes que nous en avons tué sept d'un coup de fusil Vous ne sauriez vous faire une idée de la foule d'attentions qu'il a eue pour moi La grâce la bonté président à toutes ses actions Il a fallu que vous vous soyez donné beaucoup de peines pour avoir terminé cet ouvrage en si peu de temps Boileau a dit que ce que l'on conçoit bien s'énonce clairement.

36e. Si on était dans ce pays et qu'on y soit bien établi l'on réussirait Craindriez-vous que cet homme vienne vous troubler ici et qu'il ne vous attaque Ce qui me plaît le plus en elle est cette douceur cette modestie qui vous charme Nierez-vous maintenant que je suis plus sage que vous Croyez les mystères sublimes de notre sainte religion et parlez d'eux avec une sainte vénération Puisqu'il faut que ce travail fut terminé avant trois jours peut-être vaudrait-il mieux que vous le commenciez d'avance Il n'y a que moi qui est le maître ici Pense tu qu'il n'y a que toi qui s'est trompé J'ignorais que vous ayez sorti mais je n'ignore pas que vous eussiez passé votre temps à rien faire Un bon maître comme un bon père de famille semblent né pour le bonheur de ses élèves Soldats, femmes, enfants, vieillards, tout le monde se rendaient à la fête de la fraternité.

37e. Êtes-vous encore ce studieux et ce docile élève qui ne songiez qu'à contenter ses maîtres Je regrette que vous ne vous fussiez pas trouvé à cette soirée Ce n'est point là les faveurs que vous m'aviez promises de me faire obtenir Nous ne nous sommes trouvé que deux qui aient été du même avis dans cette affaire En ce cas vous êtes les deux personnes qui m'avez donné le meilleur conseil Il ne s'en est guère fallu que le ministre ne m'eut renvoyé sans me donner mes passeports Il est à craindre que la paresse de cet enfant ne le conduit un jour à sa perte Ces deux caisses avaient été expédié assez tôt pour qu'elles arrivent à l'époque désignée O mon cher Hippias c'est moi seul moi impitoyable qui t'a donné la mort moi qui t'a appris à la mépriser O cher enfant que j'ai nourri et qui m'a coûté tant de soins!

(Avant de faire faire les exercices suivants, interrogez les élèves sur les n°s 291 et suivants.)

38ᵉ. Ces jeunes enfants sont ordinairement amateurs et portés au changement Ce mur paraît menacer ruine il est prêt à s'écrouler si l'on ne prend les moyens nécessaires pour lui donner plus de solidité Ernest et sa mère se sont promené tous les deux au Luxembourg en se donnant le bras C'est ici où nous nous sommes vu pour la première fois Auparavant d'avoir lu ce livre je ne m'étais pas fait une juste idée de l'astronomie maintenant je crois la connaître Chaque fois que je veux parler à cet homme je suis tout d'un coup intimidé par son air rébarbatif Vous avez d'avantage de fortune que moi Promenez-vous à l'entour du parc Il siégeait à son tribunal et le peuple était autour de lui C'est chez vous que j'ai reçu l'accueil le plus cordial.

39ᵉ. Quand Métellus reçut la permission de revenir à Rome on vit sa raison prête à l'abandonner Restez à l'entour de nous et ne nous quittez pas Ne partez pas auparavant votre ami puisque vous voulez passer à travers de la forêt. Qu'avez-vous donc mon enfant vous paraissez près de pleurer Ces deux plate bande forment deux losanges qui placés vis-à-vis l'un de l'autre produisent un charmant effet Quoi que notre siècle soit généralement observateur il y a néanmoins des choses sur qui il n'a pas encore porté ses observations Mes enfants mettez-vous de suite au travail Eh songez donc que nous avons déjà travaillé trois heures tout de suite Par son courage et son énergie il a triomphé de tous les obstacles.

40ᵉ. Nous devons plaindre les imbéciles plutôt que de nous en moquer C'est de cette maison d'ou partent les voitures de l'administration C'est ici ou Voltaire s'explique sans détour il veut que sans aucunes exceptions l'on puisse peindre chaque métaphore Il faut d'abord pardonner à ses ennemis en second lieu leur faire du bien autant qu'il est possible Vous êtes dans l'âge qu'il faut s'appliquer à étudier et à réfléchir Penser avec liberté sentir avec délicatesse agir avec courage sont le partage de l'homme vraiment vertueux Taillez cet espalier et donnez-lui la forme qui vous paraîtra la plus convenable Messieurs il en est quelques uns entre vous qui sont impardonnables.

41e. Votre père m'a assuré que vous viendriez plutôt que je ne le pensais Quoiqu'on en dise le mérite sert toujours à quelque chose Je n'ai point sorti aujourd'hui parce que j'ai eu beaucoup d'affaires Nous étions dans le parc lorsque des voleurs rôdaient autour Si vous partez venez me voir avant Oui monsieur j'espère aller vous voir auparavant de partir J'ai près de ma cuisine un office spacieux ou sont renfermé toutes mes provisions de table Nous sommes arrivés à l'endroit que l'histoire est la plus intéressante Cette rose est toute aussi belle comme si on venait de la cueillir Il faut donc convenir que vous êtes arrivés auparavant moi dans ce pays C'est à Marseille ou je vais et c'est à Lyon ou je dois fixer mon domicile.

42e. Je crois que vous demeurez maintenant auprès de votre mère Regardez comme il y a de la poussière à l'entour de ces meubles J'ai entendu à travers de la porte toute la conversation que vous avez eu avec mon père J'ai longtemps poursuivi ce lièvre au travers les champs Nous avons assisté à la séance d'ouverture de l'assemblée nationale nous étions tous yeux et toutes oreilles Voulez-vous bien me tailler la plume avec qui je dois écrire ma dictée Tel est le motif pour qui je suis venu Quoique vous en dites cet enfant est fort instruit Un soldat doit toujours être prêt d'obéir aux ordres de ses chefs vis-à-vis desquels ils doit être respectueux Rome prête à succomber se soutint pendant ses malheurs par la sagesse du sénat.

RÉCAPITULATION SUR LES EXERCICES SYNTAXIQUES.

PREMIER EXERCICE. L'on sait que les astres ont leurs périodes réglés la lune dit-on fait son période en vingt-neuf jours et demie Bourdaloue était une foudre d'éloquence et Condé une foudre de guerre Les égards et le politesse exigeait qu'on prête la plus grande attention à ce qu'on nous dit Cette liqueur est destinée pour être servie après celle apportée ce matin Il faut que les enfants obéissent de suite Une grande naissance annonce le mérite et le fait plutôt remarquer Il y a des livres qu'il faut lire tout de suite sans quoi ils ennuient c'est les ouvrages de circonstance Plus tôt souffrir que de mourir Auparavant Louis XIV la France presque sans vaisseaux tenait en vain aux deux mers Les gens délicates sont malheureuses rien ne saurait les satisfaire.

2e. A l'entour des rois voltigent les cruels soupçons les vaines alarmes C'est dans la solitude ou l'homme de génie est ce qu'il doit être c'est là ou il rassemble toutes les forces de son ame La fille du roi qui était venue se baigner au bord du Nil aperçut une petite natte de jonc qui renfermait un jeune enfant Je ne vous donnerai point de conseils qui puissent vous attrister J'ai vu le mari de votre sœur qui doit occuper un des plus importants emplois dans cette administration Je suis allé voir ma sœur je l'ai trouvé tout malade tout affligé toute inconsolable de la perte de son époux Ernest quelque soient les compagnies que tu fréquentes quel que brillants discours que l'on y tienne quelques raisonnables que paraissent les projets qu'on y fait pense toujours que l'homme est sujet à l'erreur.

3e. Ces sots gens sont parvenus aux dernières périodes du bonheur Gardez-vous bien d'avancer quelque chose qui ne puisse être prouvée L'astronomie est une des sciences qui fait le plus d'honneur à l'esprit humain Turenne et Montécuculli s'opposaient l'un à l'autre la patience la ruse et l'activité L'histoire de Charles XII roi de Suède est tout rempli de faits merveilleux elle a été tout embelli par l'auteur Les Racines les Boileaux les Voltaires furent des grands poëtes ils s'estimaient l'un et l'autre Cicéron a des morceaux sublimes ils sont d'une élévation d'une force soutenues Son aménité sa douceur nous charment La pièce qui est la moins sifflée n'est pas toujours la meilleure Il faut faire placer ici des abats jours Ces remèdes sont des contres-poisons. On voit peu de cerf-volant dans la plaine Nous nous perdons les uns et les autres.

4ᵉ. César et Pompée avaient chacun son mérite mais c'étaient des mérites différents L'on offense un brave homme alors que l'on l'abuse Le vainqueur et le vaincu se sont retiré chacun dans leur ville Les grands et les vastes projets suivis d'une prompte et d'une sage exécution font le grand et le sublime ministre Il n'est donc que toi dans ce pays qui s'intéresse à mon sort et qui s'occupe de mon bonheur Ce ne sont pas tant la richesse et le talent qui font les grands citoyens mais bien les vertus républicaines C'est les institutions fortes qui assurent le bonheur et la stabilité des nations Seraient-ce là les mêmes hommes que nous avons vu ramper autrefois Ce qui paraît le plus louable aux yeux de Dieu est la vertu malheureuse.

> . . . . . Il n'est point d'ame livrée au vice
> Où l'on ne trouve encor des traces de justice.

5ᵉ. Bien parler des absents ne railler personne ne dire rien contre la vérité est trois choses extrêmement rares Les Romains n'ont vaincu les Grecs que par les Grecs même La sagesse la vertu mêmes doivent avoir des bornes La multiplicité des grammaires donnent souvent lieu à des erreurs La science humaine quel qu'elle soit n'est rien en comparaison de celle de Dieu car celle-là est tout sainte toute aimable toute impénétrable tout sage Quelque soient vos espérances quelques fondées qu'elles vous paraissent en vérité je ne puis y approuver Les hommes médisant n'épargnent pas même leurs amis Ceux qui se plaignent de la fortune n'ont souvent à se plaindre que d'eux-même.

> Et ne voyez-vous pas dans mes emportements
> Que mon cœur démentait ma bouche à tous moments.

6ᵉ. Pourquoi niez-vous cette vérité dans la dernière lettre que vous m'écrivîtes Donnez-moi votre version que vous avez faite ce matin et je vous rendrai vos exercices français que vous m'avez donné à corriger Il est une remarque qu'ont pu faire bien des gens pour moi qui l'a fait j'ai reconnu cette vérité c'est que la journée est pluvieuse ou doit le devenir quand les hirondelles volent basses dès le matin Quelle honte pour ceux établis pour régler les passions de la multitude lorsqu'ils deviennent eux-mêmes les vils jouets de leurs propres passions Les ambitieux se plaisent souvent dans l'excès et les sages aiment la modération ceux-ci ont le goût de dominer et commander et ceux-là sentent du plaisir à faire le bien Molière n'a pas prétendu se moquer de la science il n'a joué que son abus et son affectation Ces élèves après avoir répété chacun sa fable se sont retiré chacun dans leur chambre.

7°. Respectons toujours la vérité à qui nous devons les plus grands égards Les mathématiques sont très nécessaires je leur donnerai mes soins Cet ouvrage de qui vous avez entendu la lecture ne me semble pas déparer ceux précédents du même auteur Rendre les fonctions publiques accessibles à tous les citoyens, est le devoir des législateurs Toutes les habiles gens sont toujours recherchées Madame a l'air trop indulgent pour que nous la craignons Mentor disait que les enfants appartenaient moins à leurs parents qu'à la république Dieu fit choix de Cyrus pour gouverner avant qu'il voit le jour La Fontaine était persuadé comme il le dit que l'apologue était une art divin.

> Néron devant sa mère a permis le premier
> Qu'on portât les faisceaux couronnés de laurier.

8°. La compassion se trouve chez les malheureux plus tôt que chez les gens habitués et avides de tous les délices de la vie Les Romains encourageaient et donnaient des récompenses aux soldats valeureux Votre ami a sollicité une permission et il a quitté la pension avant qu'on lui ait accordée Mes enfants est-ce là vos livres Oui ce sont eux Un philosophe disait que servir les humains était la première vertu après la piété Léonidas était mort pour son pays auparavant que Socrate ait fait un devoir d'aimer sa patrie Combien d'hommes seraient morts plus saintement s'ils avaient pensé que le trépas soit venu les atteindre si tôt Je ne savais pas que vous aviez fait une étude si approfondie des mathématiques Pensez vous qu'il vient vous voir et qu'il vous parle s'il savait la réception qui l'attend ?

9°. Penser avec liberté sentir avec délicatesse agir avec courage est le partage de l'homme vraiment vertueux Il n'y a que moi et vous mon ami qui ont fait des ouvrages dans la seule vue d'aplanir les difficultés de cette

-science Que la loi soit bonne ou mauvaise on doit l'obéir pour ne pas tomber dans le pire des états l'anarchie Caton écrivait au sénat qu'il avait soumis plus de places en Espagne qu'il avait été de jours à la parcourir Ce guerrier n'ose lever ses yeux il court renfermer dans sa tente son chagrin et sa honte dont il est accablé La tradition n'a jamais permis que la saine doctrine put être altérée L'esprit des méchants comme leur caractère me déplaisent Le mérite des hommes aussi bien que les fruits ont leur saison Que devient le pécheur lorsque son ame se trouve en face du juge suprême.

10°. Ce conseil s'assemble une fois par mois il s'occupe activement et règle avec sagesse les intérêts communaux Quelque belles contrées que vous avez à parcourir quelques riches que soient les pays que vous ayez visité quel que soient leurs productions je doute que vous en avez vu un aussi riche que celui-ci Il est dangereux de dire au peuple que les lois ne soient pas justes Cette nation de fanatiques ont fait périr cruellement tous les étrangers qui se trouvaient chez elle Une multitude d'hommes s'est réunie ici pour parler d'une affaire importante Vous êtes le seul élève qui m'a donné de la satisfaction Nous étions hier au soir en promenade les mêmes élèves qui avions accompagné leur professeur à la dernière promenade.

> Aussitôt qu'un sujet s'est rendu trop puissant
> Encor qu'il soit sans crime il n'est pas innocent.

11°. Il n'y a plus de temps à perdre messieurs mettons-nous à table nous avons de la bonne soupe du bon vin et du bon bouilli des bonnes côtelettes et des excellents légumes C'est toi mon fils qui a su se faire aimer qui s'expliqua avec grace et qui captiva tous les cœurs La vanité humaine ne peut souffrir l'égalité entre les hommes La religion nous apprend à être bon vis-à-vis notre prochain Le Nil entretenait le commerce dans l'Egypte Les passions nous travaillent durant tout le cours de la vie J'ai fait des brillantes affaires cette année mais j'en ai faites encore des bien plus considérables les années précédentes Les lois de Lycurgue ordonnaient que les enfants couchent nu sur la terre elles exigeaient qu'ils soient tous élevés en commun et que les fils des premiers magistrats soient soumis à cet ordre ces lois prescrivaient aussi que les filles soient mariées sans dot.

> Cet animal tapi dans son obscurité
> Jouit l'hiver des biens conquis pendant l'été.

12°. La vertu dans une république est dedans son plus beau lustre La nature de l'amour propre est de n'aimer que lui de ne considérer que lui Nous avons une idée du bonheur et ne pouvons arriver à lui La charité souffre tout pour ce qu'elle aime et s'y accommode La perte ou le salut des particuliers se bornent à leur personne Mon arc mes javelots mon char tout m'importunent Le commun des hommes vont de la colère à l'injure Une nuée de traits obscurcit l'air et couvrit tous les combattants L'on y conserve écrit le souvenir et l'offense Votre feu mère et feue ma tante avaient autant de prudence comme d'esprit Les plaisirs sont des amusements qui ne laissent qu'un long et funeste repentir Avez-vous vu le mur que j'ai fait faire il est près à tomber Où est mon fils il faut que je le vois avant qu'il meurt Ce qui soutient le plus la santé est la tempérance Ces martyrs marchaient tout les deux au trépas en se donnant la main J'ai appris que vous étudieriez les langues anciennes et modernes.

EXERCICES SUR LA PONCTUATION.

De la virgule. (*Voyez les* nos 3o1 *et suivants.*)

PREMIER EXERCICE. Accoutumez-vous ô Télémaque à n'attendre des plus grands hommes que ce que l'humanité est capable de faire La jeunesse sans expérience se livre à une critique présomptueuse qui la dégoûte de tous les modèles qu'elle a besoin de suivre et qui la jette dans une indocilité incurable Non-seulement vous devez aimer respecter imiter votre père quoiqu'il ne soit point parfait mais encore vous devez avoir une haute estime pour Idoménée malgré tout ce que j'ai repris en lui Il est naturellement sincère droit équitable libéral-bienfaisant sa valeur est parfaite il déteste la fraude quand il la connaît et il suit librement la véritable pente de son cœur Henri IV avait avant de monter sur le trône peu d'amis peu de places importantes peu d'argent et une petite armée mais son courage son activité sa politique suppléaient à tout ce qui lui manquait.

2ᵉ. Au premier coup qu'on lui porte l'idole se renverse se brise et est foulée aux pieds Le mépris la haine la crainte le ressentiment la défiance en un mot toutes les passions se réunissent contre une autorité si odieuse Le roi qui dans sa vaine prospérité ne trouvait pas un seul homme assez hardi pour lui dire la vérité ne trouvera dans son malheur aucun homme qui daigne ni l'excuser ni le défendre contre ses ennemis. Charles V fut le premier qui depuis Charlemagne aima les gens de lettres les favorisa les protégea et leur accorda des titres honorables Les hommes qui sont créés pour aimer Dieu doivent s'appliquer à fuir le vice et à pratiquer la vertu La science qui est le prix du travail ne laisse jamais l'homme sans consolation Celui-ci était étendu percé de diverses blessures et dans une extrême faiblesse il entrevoyait près de lui les portes sombres des enfers.

De la virgule et du point-virgule.

Je touche mon cher fils au bout de ma carrière
Tes innocentes mains vont fermer ma paupière
Mais soutenu du tien mon nom ne mourra plus.

3ᵉ. Platon et Cicéron chez les anciens Clarck et Leibnitz chez les modernes ont prouvé métaphysiquement et presque géométriquement l'existence du souverain Etre les plus grands génies ont cru à ce dogme consolateur Plaute qui a fait rire les Romains pour les corriger Phèdre qui a fait parler les animaux d'une manière si utile aux hommes Horace qui a si bien peint la raison des couleurs de la poésie et tant d'autres auteurs ont leurs rivaux en France et peut-être leurs vainqueurs La satisfaction qu'on tire de la vengeance ne dure qu'un moment mais celle que l'on tire de la clémence est éternelle.

4ᵉ. La bonté et la fermeté sont les deux qualités qui constituent le véritable instituteur La puissance de la bonté se fait surtout sentir à cet âge tendre qui éprouve un si grand besoin de la rencontrer chez ceux auxquels il est soumis elle tempère l'agitation de l'enfance elle fixe sa mobilité par le charme qu'elle répand autour d'elle

elle adoucit la grossièreté elle encourage la timidité elle console le malheur elle relève ceux qui sont abattus elle se fait surtout sentir à ceux dont la situation est la moins favorable elle a mille attraits pour appeler à elle les jeunes enfants elle a mille aliments pour leurs nécessités diverses elle seule enseigne la vraie mesure de l'indulgence Vous devez vous le dire d'avance une grande une immense provision de bonté est nécessaire à celui qui se voue aux nobles et pénibles fonctions d'instituteur.

De la virgule, du point-virgule et des deux points.

5e. Il y a trois sortes d'ignorances ne rien savoir mal savoir ce qu'on sait et savoir autre chose que ce qu'on doit savoir Il y a deux grands traits qui peignent le caractère le zèle à rendre service qui prouve la générosité et le silence sur les services rendus qui annonce la grandeur d'âme L'exercice la sobriété le travail voilà trois médecins qui ne se trompent pas Il ne faut jamais mépriser ceux qui sont moins riches que nous car qui vous a dit que la fortune ne vous délaissera pas un jour Pythagore a dit Mon ami est un autre moi-même et Plaute Le bien qu'on a fait à d'honnêtes gens n'est jamais perdu Télémaque répondit à Adoam avec un étonnement mêlé de joie Je vous ai vu je vous reconnais mais je ne puis me rappeler si c'est en Egypte ou à Tyr Alors Adoam s'écria Vous êtes Télémaque que Narbal prit en amitié lorsque nous revînmes d'Egypte.

. . . . Punissez les forfaits
Mais ne trahissez pas vos propres intérêts
A qui peut se venger trop souvent il en coûte.

6e. Il faut céder à l'usage et à l'autorité ce sont deux devoirs que l'on ne saurait récuser Un écrivain estimable a dit Former l'enfance de l'homme développer en elle tous les bons principes telle est la tâche de l'instituteur L'homme est un être intelligent son cœur et ses organes forment un tout étroitement lié L'instruction élémentaire lui donne en quelque sorte de nouveaux organes mais il faut que la plante entière croisse se déploie porte ses fruits c'est à vous de la cultiver de la soutenir de la féconder Si le travail est le gardien des mœurs les mœurs à leur tour ne protégent pas moins le travail l'éducation seule peut garantir ou de la pauvreté ou du vice.

De la virgule, du point-virgule, des deux points et des différents points.

7e. La plupart des écrivains dit Beauzée multiplient trop l'usage du point et tombent par là dans l'inconvénient de trop diviser les membres de la période et quelquefois ils courent les risques d'être mal compris Veux-tu devenir homme de bien fréquente les bons évite les méchants et ne demeure jamais oisif Cléopâtre allant à Tarse où Antoine l'avait mandée fit ce voyage sur un vaisseau brillant d'or et orné des plus belles peintures Les voiles étaient de pourpre les cordages d'or et de soie Cléopâtre était habillée comme on représente Vénus ses femmes représentaient les nymphes et les grâces. Milton voyageant en Italie dans sa jeunesse vit représenter à Milan une comédie intitulée Adam ou le péché originel Le sujet de cette pièce était la chute de l'homme les acteurs étant Dieu le Père le Diable les Anges Adam et Eve le Serpent la Mort et les sept péchés mortels.

> Jouis — Je le ferai — Mais quand donc — Dès demain
> —Eh mon ami la mort peut te prendre en chemin

8e. Pensez-vous qu'Ulysse le grand Ulysse votre père qui est le modèle des rois de la Grèce n'ait pas aussi ses faiblesses et ses défauts Si Minerve ne l'eût conduit pas à pas combien de fois aurait-il succombé dans les périls et dans les embarras où la fortune s'est jouée de lui Combien de fois Minerve l'a-t-elle retenu ou redressé pour le conduire toujours à la gloire par le chemin de la vertu N'attendez pas même quand vous le verrez régner avec tant de gloire à Ithaque de le trouver sans imperfection vous lui en verrez sans doute La Grèce l'Asie et toutes les îles des mers l'ont admiré malgré ses défauts mille qualités merveilleuses les font oublier Vous serez trop heureux de pouvoir l'admirer aussi et de l'étudier sans cesse comme votre modèle.

> Où suis-je A mes regards un humble cimetière
> Offre de l'homme éteint la demeure dernière
> Un cimetière aux champs quel tableau quel trésor

RÉCAPITULATION SUR LA PONCTUATION.

J'ai à reconnaître la noblesse de ce titre d'instituteur primaire que la frivole opinion du monde ne saurait apprécier que ne décorent pas les avantages extérieurs mais qui a droit à être honoré par les bons esprits et les gens de bien Oui ce titre est honorable il est noble quand il est porté d'une manière conforme aux devoirs qu'il impose L'instituteur primaire est un véritable *officier public* les lois de l'état ont reconnu elles-mêmes l'importance la nécessité de cette fonction elles l'ont fondée réglée protégée elles en ont fait l'objet d'une juste sollicitude L'instituteur primaire reçoit de l'autorité publique le caractère dont il est investi tantôt appelé choisi nommé par cette autorité il prend rang dans la commune comme directeur d'un établissement municipal tantôt reconnu du moins par l'autorité pour ouvrir une école en son nom privé il se range dans la classe de ces dépositaires qui se présentent à la confiance générale avec les garanties qu'un tel aveu doit exprimer Ses relations sont avec le public ses services ont pour objet un intérêt commun mandataire collectif il reçoit le dépôt remis dans ses mains par un grand nombre de familles Lui-même il exerce une autorité réelle légitime dans l'enceinte de son établissement il est revêtu d'une sorte de magistrature dont l'influence s'étend au dehors Cette magistrature est celle de la famille délégué des parents il les représente il exerce en leur nom la puissance paternelle La dignité des fonctions d'instituteur est donc comme un reflet une émanation de cette haute dignité confiée aux pères de famille par la Providence par la nature par les lois Le ministère de l'instituteur quoique purement civil s'associe lui-même au ministère religieux le seconde car l'instruction sert la religion car elle sert la morale qui est la fille de la religion l'instituteur primaire prépare l'enfance à l'éducation religieuse l'école est comme le portique du temple Quel témoignage plus certain un instituteur pourrait-il recevoir de l'estime générale que celui qu'il trouve dans la confiance qui lui est accordée Car la confiance on le sait ne peut s'attacher à la personne qu'en se fondant sur l'estime On dépose entre ses mains les objets des affections les plus tendres et les plus vives on l'associe à tout ce que la sollicitude d'un père et d'une mère peut avoir de plus chers intérêts on s'en remet à lui pour conserver et préparer le bonheur et l'avenir des familles on lui accorde un pouvoir presque sans bornes on se repose sur lui sans autres garanties que celles de son caractère et de sa conduite Voici un avantage de la position d'un instituteur c'est qu'elle lui offre une occasion constante de se perfectionner lui-même elle lui en fournit les motifs elle lui en prête les moyens Elle l'appelle en effet à exercer ses facultés de la manière la plus active et la plus continue il aura à étudier sans cesse il aura des sujets d'observations aussi intéressants que nombreux il s'instruira en enseignant il devra s'appliquer à connaître les bonnes méthodes afin de ne pas rester routinier il deviendra meilleur en cherchant à diriger ses élèves à les rendre bons il acquerra de nouvelles forces par son application persévérante et courageuse à remplir ses pénibles devoirs.

L'instituteur a besoin de posséder un fonds de connaissances positives de connaissances réelles qui reposent sur les faits il en aura besoin pour s'y appuyer dans les applications et c'est vers ce but d'ailleurs qu'il devra constamment diriger ses efforts.

Mais ce n'est point assez encore de posséder les connaissances il faut de plus avoir le talent de les transmettre Le talent d'enseigner suppose l'instruction mais il manque souvent aux hommes les plus instruits Le talent d'enseigner n'est pas seulement celui d'exposer facilement il suppose aussi l'art de présenter les choses sous leur aspect naturel l'habileté à les disposer de la manière la plus conforme aux dispositions et aux besoins des élèves il suppose l'intelligence des bonnes méthodes et l'habitude de les appliquer il suppose l'art de se mettre à la portée de ceux dont on veut se faire comprendre d'employer les formes les plus propres à faire pénétrer la lumière dans leur esprit il suppose à la fois et la netteté dans les idées et la clarté dans le langage moins les élèves sont avancés plus il faut descendre à eux en leur facilitant l'étude.

L'instituteur primaire a besoin de beaucoup de discernement pour apprécier les nombreuses difficultés de sa position et pour en triompher il a besoin de pénétration pour découvrir les dispositions des enfants les obstacles qui les arrêtent les impressions qu'ils reçoivent, pour suivre les mouvements fugitifs de leur intelligence il a besoin d'un grand esprit de conduite pour conserver son indépendance pour se guider dans ses relations pour régler toutes ses démarches pour ne jamais se compromettre avec les parents ou les élèves.

Les jours du véritable instituteur sont pleins de charmes une activité tranquille et bien ordonnée mais infatigable met en valeur tous ses instants les enfants accourent avec joie auprès de lui il est au milieu d'eux comme un père le désir de lui être agréable la crainte de lui déplaire sont pour eux le plus puissant mobile Il voit se développer rapidement sous ses yeux les facultés de l'intelligence et les qualités du cœur Il recueille sans cesse en même temps qu'il sème Son école est comme un petit monde où pénètrent les lumières de la raison la chaleur des sentiments vertueux où règnent l'ordre la sagesse et la bonté dans les intervalles de liberté qui lui restent il continue sa propre éducation il réfléchit sur la marche qu'il a suivie il prépare les améliorations il éprouve ce contentement intérieur ce premier bien de l'homme qui est la récompense d'une vie consacrée à l'accomplissement des devoirs il se voit entouré de l'approbation des gens de bien Un sage instituteur en s'adressant à ses collègues dans une de ces conférences que nous désirons vivement voir s'établir entre les instituteurs de chaque canton disait L'importance de nos fonctions et par conséquent l'appréciation de notre position sociale dépend en grande partie de la manière dont nous remplissons nos devoirs de l'aptitude que nous y apportons du dévouement qui nous anime, des peines qui environnent nos efforts.

Sous tous les rapports soyons nous-mêmes nos premiers surveillants nos juges les plus sévères Nous sommes d'âges différents il n'est aucun âge où l'homme ne puisse plus apprendre plus faire de progrès Faisons encore des progrès soyons de notre siècle puisque c'est pour notre siècle que nous formons nos jeunes concitoyens remplissons nos devoirs de manière à donner en même temps des leçons et des exemples La plus haute dignité qui se puisse obtenir dans ce monde est la dignité morale C'est elle que chacun se confère à soi-même En possession de ce trésor distingués par un caractère auguste, la considération du monde ne nous manquera pas plus que sa reconnaissance.

Phrase où se trouvent réunis tous les signes de la ponctuation.

On proclame à haute voix le nom du jeune Victor B*** un jeune homme se lève à l'extrémité supérieure de la salle tous les yeux se portent sur lui il descend on s'empresse de se déranger pour lui ouvrir un passage mais on a le temps de s'interroger « Quel est-il Quel âge a-t-il Quel air modeste Quelle figure aimable Que sa mère doit être heureuse La voilà — Où donc — Là cette dame qui s'essuie les yeux » et mille autres propos que le jeune homme recueille en allant recevoir la couronne.

EXERCICES SUR LES HOMONYMES.

1. *Abaisse*-toi devant l'*abbesse* de ce couvent qui pétrit elle-même de l'*abaisse* pour faire la pâtisserie aux pauvres malades. Je ne veux pas qu'il *aille* où l'on mange de l'*ail*. Ma sœur est *allée* au soleil au lieu de rester à l'ombre d'une *allée*, et sa figure est *hâlée*. Vois-tu ce pauvre *hère* qui *erre* autour d'une *aire* où l'on respire un mauvais *air*. Tu connais l'*ère* chrétienne. Ce cordonnier a perdu *haleine* en cherchant son *alène*. Il fut condamné à l'*amende* pour avoir pris des *amandes*. Ce marchand vend des *ancres* pour les vaisseaux, et non de l'*encre* pour écrire. Cet *âne* appartient à ma sœur *Anne*. Une maison de jeu est un *antre* horrible, et celui qui y *entre* s'y trouve placé *entre* l'infamie et la mort.

2. Les habitants de la ville d'*Anvers* sont charitables *envers* les pauvres. C'est un poëte du département de l'*Aude* qui a composé cette *ode*. Des jeunes gens de la ville de *Bâle* partirent pour la guerre comme pour un *bal*; l'un d'eux fut tué par une *balle* qu'il reçut à la

tête. Tu *balaies* la salle avec mon *balai* pour qu'on y danse un *ballet*. *Au* Palais-Royal, les restaurateurs vous servent du vin sans *eau*, mais la viande avec ses *os*.

3. L'*Avent* commence quatre semaines *avant* Noël. Vous lui avez loué ces *beaux* biens et le notaire en a passé les *baux*. Quoique né sous d'heureux *auspices*, il ira mourir à l'*hospice*. Avoue qu'il fait *chaud* auprès de ce four à *chaux*. Cet enfant de *chœur* a un très bon *cœur*. Tu as trouvé cette *chaîne* d'or près d'un *chéne* de cette forêt. Cet enfant est *censé* avoir tenu ce discours *sensé*. Près de la ville de *Sens* se trouve une *cense* (métairie) qui paie un *cens*. Le cadre de ce tableau ne *cadre* pas avec le portrait.

4. Ce *sellier* a d'excellent vin dans son *cellier*. Le *cygne* (oiseau) est *signe* de la candeur. Je *crois* que le supplice de la *croix* a racheté le genre humain. Par sa lettre en *date* du 5 du courant, il m'annonçait qu'il m'envoyait des *dattes*. Je *crains*, disait Damoclès à Denys, que le glaive suspendu à un *crin* de cheval ne tombe sur ma tête. Le blanchisseur a laissé tomber de la *colle* sur mon *col*. Ce *clerc* de notaire ne boit souvent que de l'eau *claire*. Notre espoir est *déçu*, cet homme a le *dessus*. Fais répéter aux *échos* d'alentour que chacun doit payer son *écot*.

5. C'est en me promenant dans ce *champ* que j'ai entendu le *chant* de l'alouette. Ce *saint* ermite est *ceint* d'un cordon. Il porte une croix sur son *sein*. Il est *sain* d'esprit et de corps. Je lui ai prêté *cinq* francs, il m'a donné son billet sous *seing*-privé. Nous nous sommes promenés en *canot* dans ces *canaux*. Nous avons chassé le *faisan* en *faisant* notre tournée. C'est un *fait* que votre père a succombé sous le *faix* des années. Cet avare est bien *fin*, car il *feint* d'être réduit à mourir de *faim* pour parvenir à ses *fins*.

6. Cet homme est *faux*. Il *faut* que le faucheur batte sa *faux*. Ma sœur *file* ce beau *fil* pour son *fils*. Cet homme né à *Foix*, a nié ses dettes plus d'une *fois*, il a reçu des coups de *fouet* pour sa mauvaise *foi*, et depuis il a mal au *foie*. Il a fait fondre cet *étain* avant que le fourneau fût *éteint;* puis il a filé de l'*étaim*. Mon *dessein* est de faire suivre le cours de *dessin* à mes enfants. Il *fond* du plomb au *fond* de ce magasin. On

cultive un *fonds* de terre. On tient un enfant sur les *fonts* baptismaux. Les *appas* de l'oisiveté sont toujours un *appât* dangereux pour la jeunesse.

7. C'est en *vain* qu'il but du *vin* le *vingt* de ce mois. Ces écoliers qui travaillent à l'*envi* ont *envie* de se surpasser. Votre frère habite la ville de *Gray*, où il fabrique des pots de *grès* à son *gré*. Cet enfant joue de la *lyre* sans savoir *lire* la musique. Je *lis* dans mon *lit* en respirant l'odeur des *lis*. Ma *mère* et moi nous avons visité la *mer* au Havre où nous logions chez le *maire*. Le *Mans* est une ville où l'on *ment* comme ailleurs ; je *m'en* doute.

8. *Après* la fête, il fallut faire les *apprêts* de mon départ. Votre père, à qui j'ai donné deux cents francs d'*arrhes*, pour quatre-vingts *ares* de bois qu'il m'a vendus, aime les *arts* libéraux. *Bah !* la chose est incroyable ; Pierre a vendu le *bât* de son âne pour acheter des souliers et des *bas*. Un *camp* sous les ordres d'un général qui ressemble au *kan* des Tartares, a été formé près de la ville de *Caen*. *Quand* irons-nous le visiter ? *Quant* aux frais du voyage, je m'en charge. Votre mère *s'est* trompée en vous assurant qu'il y avait *sept* grappes de raisin sur ce *ceps* de vigne ; il paraît qu'elle ne *sait* pas compter.

9. L'avare est aussi *content* en *comptant* ses écus d'or, que le vieux soldat l'est en *contant* l'histoire de ses campagnes. Cet élégant qui porte un corset *lacé* comme celui d'une femme, s'est *lassé* à courir ; et pour se *délasser* de sa fatigue il s'est fait *délacer*. Je *pense* que tu iras *panser* la *plaie* de ce malheureux qui se *plaît* à la voir. Tu te *repens* de ta faute, puisque tu *répands* des larmes ; *repends* le tableau que tu as *dépendu*. Cet homme n'était pas très *gai* quand il passa le *gué* de la rivière, car il était poursuivi par le *guet*. Les hommes attaqués de la *goutte* ne *goûtent* pas une *goutte* de liqueur sans s'en repentir. En temps de *guerre* on ne respecte *guère* les propriétés. Une personne trop *grasse* manque de *grâce* dans ses mouvements.

10. Cet homme, se voyant mourir par suite d'une blessure qu'il a reçue d'une *laie* en chassant le sanglier, a fait son testament ; il a laissé un *legs* de dix mille francs pour les pauvres. Il était très *laid*, il ne buvait que du *lait*. On a vu à Francfort sur le *Mein*, *maints* Français malheureux qui se pressaient la *main*. Te rap-

pelles-tu qu'en étudiant au collége de *Meaux*, tu y tombas malade et que tu fus accablé de *maux* ? Tu parlais si bas qu'on n'entendait plus tes *mots*. Dans le pays des *Maures*, le chien ne *mord* pas quand il aboie ; le cheval y prend quelquefois le *mors* aux dents ; là, comme chez nous, la cruelle *mort* n'épargne personne. Elle traite de *Turc à More* les grands comme les petits, c'est-à-dire qu'elle les traite comme le Turc traitait autrefois l'habitant de la *Morée*.

11. Un habitant de la ville de *Pau*, couvert d'une *peau* d'ours, s'est noyé dans le *Pó* (fleuve d'Italie) en allant y puiser de l'eau avec un *pot* de grès. Il *peint* dans ce tableau un enfant mangeant un morceau de *pain* à l'ombre d'un *pin*. On a trouvé dans ce jardin, près d'un *mur*, des *mûres* et des abricots *mûrs*. Après la lecture il *pose* le livre et fait une *pause*. Je *plains* cet homme qui reste dans les appartements de *plain*-pied, et qui sont toujours *pleins* d'une foule de visiteurs importuns. Ce marchand a des *poids* pour peser sa *poix*, il vend aussi des *pois* verts et des *pois* secs.

12. Je *puis* vous assurer qu'il y a dans la ville du *Puy* un *puits* très creux. Il avait du courage et de bons *reins* pour traverser le *Rhin* à la nage. Cette cuisinière est *sale*, elle *sale* trop ses ragoûts et ne balaie jamais notre *salle*. Cet homme de *sens*, *sent* que sa position est *sans* remède et qu'il perd tout son *sang*. Paris, sur la *Seine*, est dans une position *saine*. Ses habitants vont souvent voir la *cène* du jeudi-saint. Cette tragédie offre de belles *scènes*.

13. A notre *abord*, je m'écrie que je l'*abhorre*. Cet homme, quoiqu'*adhérant* à tes principes, n'est pas ton *adhérent*. Tu as trouvé une *agate* que tu as donnée à ta sœur *Agathe*. Il faudra *aiguayer* ce linge et nous *égayer* ensuite. Je *pense* à ce malheureux dont on *panse* la plaie. Cet homme a une *haine* contre toi, parce qu'en nageant avec lui dans la rivière d'*Aisne*, tu fus cause qu'il se blessa à l'*aine*.

Exauce ma prière, ô mon Dieu ! je t'implore
Exhausse le petit ; il ne voit rien encore.

FIN.

MODE INFINITIF.
Être, ét ᴀɴᴛ, *avoir* ou *ayant et É.*
PARTICIPE, *et É* (invariable).
MODE AFFIRMATIF.

TEMPS PRÉSENT.

Je	sui	s.	e.	ds.	x.
Tu	e	s.	es.	ds.	x.
Elle	es	t.	e.	d.	t.

Nous sommes		ons,
Vous êt	es.	ez.
Elles s	ont.	ent.

TEMPS PASSÉ IMPARFAIT.

J'	ét	ais.
Tu	ét	ais.
Elle	ét	ait.
Nous	ét	ions.
Vous	ét	iez.
Elles	ét	aient.

TEMPS PASSÉ DÉFINI.

Je	f	us.	ai.	ins.	is.
Tu	f	us.	as.	ins.	is.
Elle	f	ut.	a.	int.	it.
Nous	f	ûmes.	âmes.	înmes.	îmes.
Vous	f	ûtes.	âtes.	întes.	îtes.
Elles	f	urent	èrent.	inrent.	irent.

TEMPS PASSÉ INDÉFINI.

J'ai	
Tu as	
Elle a	
Nous avons	ét *É.*
Vous avez	
Elles ont	

TEMPS PASSÉ ANTÉRIEUR.

J'eus	
Tu eus	
Elle eut	
Nous eûmes	ét *É.*
Vous eûtes	
Elles eurent	

J'avais
Tu avais
Elle avait
Nous avions
Vous aviez
Elles avaient

Je	se *rai.*
Tu	se *ras.*
Elle	se *ra.*
Nous	se *rons.*
Vous	se *rez.*
Elles	se *ront.*

TEMPS FUTUR

J'aurai
Tu auras
Elle aura
Nous aurons
Vous aurez
Elles auront

MODE
TEMPS PRÉSENT

Il faut ou *il*

Que je	sois.
Que tu	sois.
*Qu'*elle	soit.
Que nous	soyons.
Que vous	soyez.
*Qu'*elles	soient.

TEMPS PASSÉ

Il fallait ou *il*

Que je	f usse.
Que tu	f usses.
*Qu'*elle	f ût.
Que nous	f ussions.
Que vous	f ussiez.
Qu' elles	f ussent.

QUATRE CONJUGAISONS.
OIR, RE.

<table>
<tr><td>

PLUS-QUE-PASSÉ.

} ét *É.*

FUTUR.

</td><td>

TEMPS PASSÉ DÉFINI OU INDÉFINI.

Il fallut ou *il a fallu*

Que j'aie
Que tu aies
*Qu'*elle ait
Que nous ayons } été.
Que vous ayez
*Qu'*elles aient

</td></tr>
</table>

TEMPS PLUS-QUE-PASSÉ.

Il avait ou *il aurait fallu*

Que j'eusse
Que tu eusses
*Qu'*elle eût
Que nous eussions } été.
Que vous eussiez
*Qu'*elles eussent

ANTÉRIEUR.

} ét *É.*

MODE CONDITIONNEL.
TEMPS PRÉSENT OU FUTUR.

Je   se *rais.*
Tu   se *rais.*
Elle   se *rait.*
Nous se *rions.*
Vous se *riez.*
Elles se *raient.*

SUBJONCTIF.
OU FUTUR.
faudra

e
es
e
ions
iez
ent

TEMPS PASSÉ.

J'aurais
Tu aurais
Elle aurait
Nous aurions } été.
Vous auriez
Elles auraient

MODE IMPÉRATIF.

IMPARFAIT.
faudrait

asse.	insse.	isse.
asses.	insses.	isses.
ât.	înt.	ît.
assions.	ssions.	ssions.
assiez.	ssiez.	ssiez.
assent.	ssent.	ssent.

Soi. . . . . . s.   e.   ds.
Qu'elle soit. . . . e.
Soy. . . . . . ons.
Soy. . . . . . ez.
Qu'elles soi. . . . ent.

TABLE

DE MOTS DANS LESQUELS LA LETTRE *H* EST ASPIRÉE.

ha!	hanche.	hast.	hiérarchie.	hourdi.
habe.	hanebane.	hâte.	hisser.	houret.
hableur.	hangar.	hâteur	hobereau.	houri.
hache.	hanneton.	hâtier.	hobin.	hourque.
hachis.	hanscrit.	hâtiveau.	hoc.	hourvari.
hachure.	hanse.	haubans.	hoca.	housé.
hagard.	hansière.	haubergeon.	hoche.	houseaux.
Haguenau.	hanter.	haubert.	hochepot.	houspiller.
haha.	hapalanthe.	hausser.	hocher.	houssage.
hahé.	happe.	hauteur.	hochet.	houssaie.
haie.	happelourde.	haut-bois.	hogner.	houssard.
haïe.	happer.	hauturier.	hogue.	housse.
haillon.	haquenée.	Havane.	holà!	housser.
Hainaut	haquet.	hâve.	Hollande.	houssine.
haine.	harangue.	haveneau.	hollander.	housson.
haineux.	haras.	havet.	homard.	houx.
haïr.	harasser.	havir.	Honfleur.	hoyau.
haire.	harceler.	havre.	hongre.	huard.
halage.	hard.	havre-sac.	Hongrie.	huche.
halbran.	harde.	hé!	honnir.	huer.
hâle.	harder.	heaume.	honte.	huette.
halecret.	hardes.	héler.	hoquet.	huguenot.
halener.	hardi.	hem!	hoqueton.	huit.
haleter.	hardiesse.	hennir.	horde.	huitaine.
halle.	hareng.	Henri.	horion.	hulotte.
hallebarde.	Harfleur.	héraut.	hormis.	hune.
hallebreda.	hargneux.	hère.	hors.	Huningue.
hallier.	haricot.	hérisser.	hotte.	huppe.
haloir.	haridelle.	hérisson.	Hottentot.	hure.
halos.	Harlay.	hernie.	houblon.	hurhaut.
halot.	Harlem.	héron.	houe.	hurlement.
halotechnie.	harnais.	héros.	houille.	hurler.
halte.	haro.	herse.	houle.	Huron.
halurgie.	harpail.	Hesse.	houlette.	hussard.
Ham.	harpe.	hêtre.	houleux.	hutte.
hamac.	harpeau.	heurt.	houper.	chat-huant.
Hambourg.	harper.	heurter.	houppe.	en-hardir.
hameau.	harpon.	hibou.	houppelande.	en-harnacher
hampe.	harpie.	hic.	houpper.	
han.	hart.	hideux.	hourailler.	
hanap.	hasard.	hie	houraillis.	
Hanau.	hâse.	Hildebrand.	hourder.	

FIN DE LA TABLE DES MATIÈRES.

TABLE DE MULTIPLICATION.

2 fois	2 font	4	5 fois	5 font	25	9 fois	9 font	81
2	3	6	5	6	30	9	10	90
2	4	8	5	7	35	9	11	99
2	5	10	5	8	40	9	12	108
2	6	12	5	9	45	9	13	117
2	7	14	5	10	50	9	14	126
2	8	16	5	11	55	9	15	135
2	9	18	5	12	60			
2	10	20	5	13	65	10 fois	10 font	100
2	11	22	5	14	70	10	11	110
2	12	24	5	15	75	10	12	120
2	13	26				10	13	130
2	14	28	6 fois	6 font	36	10	14	140
2	15	30	6	7	42	10	15	150
			6	8	48			
3 fois	3 font	9	6	9	54	11 fois	11 font	121
3	4	12	6	10	60	11	12	132
3	5	15	6	11	66	11	13	143
3	6	18	6	12	72	11	14	154
3	7	21	6	13	78	11	15	165
3	8	24	6	14	84			
3	9	27	6	15	90	12 fois	12 font	144
3	10	30				12	13	156
3	11	33	7 fois	7 font	49	12	14	168
3	12	36	7	8	56	12	15	180
3	13	39	7	9	63			
3	14	42	7	10	70	13 fois	13 font	169
3	15	45	7	11	77	13	14	182
			7	12	84	13	15	195
4 fois	4 font	16	7	13	91			
4	5	20	7	14	98	14 fois	14 font	196
4	6	24	7	15	105	14	15	210
4	7	28						
4	8	32	8 fois	8 font	64	15 fois	15 font	225
4	9	36	8	9	72	15	16	240
4	10	40	8	10	80	15	17	255
4	11	44	8	11	88	15	18	270
4	12	48	8	12	96	15	19	285
4	13	52	8	13	104	15	20	300
4	14	56	8	14	112			
4	15	60	8	15	120			

PARIS. — IMPRIMÉ PAR E. THUNOT ET Cᵉ,
Rue Racine, 26, près de l'Odéon.